KB138696

아이 필 프리티

I FEEL
PRETTY
자막없이 보기

아이 필 프리티

I FEEL
PRETTY
자막없이 보기

아이필 프리티 자막없이 보기

초판 1쇄 인쇄 2019년 12월 1일
초판 1쇄 발행 2019년 12월 5일

지은이 I 류도형
펴낸이 I 조치영
펴낸곳 I 스크린영어사
편집주간 I 스크린영어사 편집부
디자인 I 류형태 (주)코치커뮤니케이션
경영지원 I 정연희
인 쇄 I 삼성인쇄

주소 서울 특별신 관악구 신림로 137
전화 (02) 887-8416
팩스 (02) 887-8591
홈페이지 www.screenplay.co.kr

등록일자 1997년 7월 9일
등록번호 제 16-1495

ISBN 978-89-6415-077-1 93740

아이 필 프리티

I FEEL
PRETTY
자막없이 보기

스크린영어사
Screen English Publishing co.

머리말

영화의 장르가 다양해지고 자극적인 내용들이 인기를 얻게 되는 경향이 많아지면서 현실적인 실생활을 배경으로 우리의 일상과 연결된 스토리의 영화가 요즘은 흔하지 않아서 귀중한 것 같다. 이런 시기에 *I feel pretty*는 우리 생활의 단면을 그대로 배경삼아 그저 평범한 주인공의 모습으로 우리를 투영해주는 영화이다. 정신없는 세상에서 잊고 살기 쉬운 우리 자신에 대한 가치와 소중함을 다소의 민망함과 오글거림으로 아주 강력하게 알려준다. 성공과 미에 대한 세상의 기준과 잣대에 보란듯이 저항하며, 자신감과 자기 존중의 마법에 빠진 주인공 르네는 보는 사람들이 말리고 싶을 정도이다. 주인공만 모르고 있는 자신의 똑같은 외모는 자신감이 충만한 마법에 걸린 내면의 힘으로 주변에 팩트 폭격(?)을 날리고 있지만 결코 밉지않다.

우리도 자신감과 자기존중의 마법에 빠져보면 세상을 다르게 볼 수 있을 것이다. "그래 나 이렇게 생겼다, 그래서 뭐? 난 소중하니까 너희가 뭐라해도 아무렇지도 않아"라고 마법의 힘으로 쭉 한번 살아보자.

무엇인가를 새로 배우는 과정은 처음부터 멋지게 보여질 수는 없다. 수영을 처음 배울 때도, 운전을 배울 때도 폼도 어색하고 웃기고 모든게 엉망진창이다. 어느 누구도 처음부터 완벽하게 잘 할 수 없음은 모든 인간에게 적용되는 이치이다. 언어를 배우는 과정도 마찬가지여서 실수투성이에 발음도 엉망이다. 어린이가 언어를 배우듯이 자의식에서 벗어나서 계속 반복하고 연습해야 언어능력이 향상될 수 있다. 그러나 성인은 자신의 부족한 모습을 견디기 힘들어 하고 남들의 시선을 쓸데없이 의식하며 회피하게 된다.

아름다움에 절대적인 기준과 표준이 있는 것일까? 모국어를 태어나서 20년 넘게 사용해 온 우리의 모국어 능력은 완벽해서 절대적인 표준이라고 말할 수 있을까?

우리의 국어 발음은 모든 외국인이 보고 따라해야할 정도로 우수한 발음의 표본인가? 내 나라말을 쓰는 데에도 완벽의 기준이 없는데 외국어를 배울 때 그렇게 있다고 생각하는 것 자체가 모순이며, 말도 안되는 편견으로 비판하고 평가하려고 하는 것은 그릇된 것이다.

언어를 배운다는 것은 의사소통을 편안하게 할 줄 안다는 것이고 배우고자 하는 언어의 원어민들이 사용하는 방법을 익혀 자연스럽게 답습하는 것이다. 우리도 한국어의 원어민들이고 우리는 말하면서 문법과 단어를 고심하며 사용하지 않는다. 항상 사용하던 방법을 반복하며 쓰면서 소통한다. 원어민들이 항상 사용하는 방법이 대표적으로 말뭉치(chunk)이다. 이는 전문 용어로 MWU(Multi Word Unit)이라고 하는데, MWU의 범위는 방대해서 시중에서 익히 들어 알고 있는 collocations, idioms, phrasal verbs 등을 모두 포함한 개념이다. 2개 이상의 단어가 모여서 마치 한 단어처럼 사용되고 새로운 의미를 갖는 구문들을 말하며, 많은 학자들 사이에서는 MWU를 많이 익혀서 사용하면 원어민처럼 유창한 언어사용을 촉진시킬 수 있는 언어형태라고 하고 이는 이미 정설로 굳어져 있다. 왜냐하면 원어민들이 실생활에서 사용하는 자연언어(natural language)의 상당수가 MWU로 되어 있기 때문이다. 어떤 언어이던지 해당언어의 모국어 사용자는 MWU에 대한 상당한 지식을 사용하고 있다는 것은 분명하므로 반드시 학습해야 한다.

주인공 르네처럼 자신감과 의지의 마법에 빠져 영어 학습으로 스스로를 소중하게 가꿔보는 것은 어떨까!

류도형

책의 구성

❶ Storyboard

학습할 내용의 줄거리와
배경상황을 설명하였습니다.

❷ 피가되고 살이되는 문화팁

영화 장면 속에 숨어있는 생활과 문화와 관련된
재미있는 정보들이 사진과 그림으로 소개됩니다.

❸ 영어로 말해보기

영화에서뿐만 아니라 실생활 영어에서 자주 반복되고
사용되는 패턴들을 학습하는 코너입니다. 한국어로 의
미를 접해서 영어로 생각해보는 시도를 통해 직접 체
험해 보는 시간입니다.

❹ 원어민 따라잡기

MWU는 Multi Word Unit의 줄임말로 학문적 용어인데, 2개
이상의 단어가 모여서 마치 한 단어처럼 사용되고 새로운
의미를 갖는 구문들을 말합니다. 많은 학자들은 MWU를
많이 익혀서 사용하면 원어민처럼 유창한 언어사용을
촉진시킬 수 있는 언어형태라고 말합니다.
MWU를 연습할 수 있도록 배워보는 시간입니다.

❺ 시츄에이션 시뮬레이션

영화에는 실생활에서 접할 수 있는 다양한
상황이 많이 나옵니다. 언어는 항상 상황
과 맥락 속에서 함께 익히게 될 때 가장 잘
기억되고, 사용하기 쉽습니다. 장면과 관
련된 상황이나 맥락에서 유용한 표현들을
소개하였습니다.

❻ 백업하기

학습한 표현들을 다시 한번 연습해 볼 수 있도
록 그 장면의 대본을 제시하고 빈칸을 만들어
서 정리할 수 있도록 하였습니다. 답을 적어
넣으면서 복습해 보세요.

Contents

Happening **1**

What size?

1 Storyboard

자신의 외모에 위축되어 있는 르네는 살을 빼려고 스피닝 운동을 시작하는 날, 맞지않는 신발때문에 다치게 되는 창피를 당한다. 보통 여성들처럼 쇼핑도 하고, 뷰티 유튜브를 따라하면서 멋을 부려보고 싶어도, 시도하는 걸음걸음마다 아름답지 못한 자신의 모습에, 그리고 선입견으로 불쾌하게 만드는 주변 사람들때문에 기운이 쑥쑥 빠지고 있다.

피가되고 살이되는 문화팁

- **faux-hawk** 포호크 스타일

- **part** 가르마
- **bun** 똥머리
- **updo** 올림머리

- **ponytail**
- **pigtail**

- **buzz cut**

- **bob haircut** 단발머리

- **tie back** 뒤로 묶은
- **hair tutorial** 머리 손질법

• 남성 신발 사이즈

한국(mm)	미국(us)	영국(uk)	유럽(eu)
240	6	5.5	38.5
245	6.5	6	39.5
250	7	6.5	40
255	7.5	7	40.5
260	8	7.5	41
265	8.5	8	41.5
270	9	8.5	42
275	9.5	9	42.5
280	10	9.5	43
285	10.5	10	43.5
290	11	10.5	44
295	11.5	11	44.5
300	12	12	45

• 여성 신발 사이즈

한국(mm)	미국(us)	영국(uk)	유럽(eu)
220	5	2.5	36
225	5.5	3	36.5
230	6	3.5	37
235	6.5	4	37.5
240	7	4.5	38
245	7.5	5	38.5
250	8	5.5	39
255	8.5	6	39.5
260	9	6.5	40
265	9.5	7	40.5
270	10	7.5	41

출처: https://coddakzi.tistory.com/29

영어로 말해보기

여러분께 또 다른 정말 멋진 스타일 만드는 법을
소개해 드릴게요!

💡	힌트	**share**
🎬 MOVIE	영화 속 표현	**I wanted to share another really cool hair tutorial with you.**
&	또 다른 표현	**I'm going to show you another really cool hairstyle.**

1. 머리 위에서 시작할게요.

2. 거꾸로 빗어주세요.

3. 여기에 볼륨을 많이 넣어줄게요.

4. 여러분들이 이것을 재미있게 봐주셨기를 바래요.

5. '좋아요' 누르는 거 잊지 마시고 구독해 주세요.

원어민 따라잡기

1 I want to share with you~ 공유하고 싶어요/ 보여드릴게요

유튜브에서 자신의 현재 영상을 설명할때 많이 쓰는 패턴이다. share with 대신에 show도 많이 쓴다. 꼭 영상을 소개할때가 아니더라도 '~을 보여줄게'라고 말할 때 쓸 수 있다. share는 '나눠주다', '같이 쓰다'의 뜻이기 때문에 Sharing is caring 문화가 기본인 미국 문화에서는 많이 사용될 수 있는 단어이다.

example

- **I'm so excited for today's video some share with you some really awesome ponytails that you could rock for any occasion.**
  오늘 비디오에서 정말 멋진 포니테일 스타일을 여러분과 공유하게 되어 아주 신나는데요, 이 포니테일 스타일은 어떤 상황에도 끝내줘요.
- **Today I want to share with you 10 things that I have stopped buying over the years.**
  오늘 여러분들과 공유하고 싶은 것은 수년간 내가 절대 사지 않는 10가지 물건입니다.

2 I'm going to~ ~할거야. ~할 예정이야.

구어체에서 발음을 빨리 할때 gonna라고도 발음되고 표기된다. 하겠다는 의지만을 말하는 것이 아니고 전부터 결심을 해온 것이나 계획을 짜서 예정된 것들을 말할 때 쓴다.

example

- **I'm just going to take these.**
  그냥 이 신발로 신을게요. (I feel pretty 교재 p.14)
- **You're not going to see what you normally see.**
  여러분들은 평소에 보던 것을 보지 않을 거에요. (I feel pretty 교재 p.74)
- **I'm going to prove to you that I am your friend.**
  내가 너의 친구라는 걸 증명할거야. (I feel pretty 교재 p.82)
- **I am going to go to the bar and get us drinks.**
  바에 가서 술을 가져올게. (I feel pretty 교재 p.88)

3 I hope ~ (실현 가능성 있는) ~을 바랄게!

불가능한 것이 아니라 실현 가능한 것들을 바랄때 쓰이는 표현이다. I wish와 비교해서 많이 나오는데, I wish는 불가능한 일에 대한 바램을, I hope는 가능한 일에 대한 바램을 말할 때 쓴다.

example

- **I hope that's okay.**
  그게 괜찮기를 바래. (I feel pretty 교재 p.274)
- **I hope you're feeling better.**
  몸이 좋아지길 바란다.
- **I hope you can help me tomorrow.**
  내일 너가 도와줄 수 있기를 바래.

4 just kinda browsing for me. 내것 사려고 둘러보고 있어요.

쇼핑할 때 무엇인가 마음에 드는 물건을 찾아 보고 있을 때 사용하는 표현이다. 점원이 관심을 가지고 다가오며 질문하면 I'm just browsing 혹은 I'm just looking (around).라고 쓰면 된다. 끝에 Thank you라고 붙여주면 더욱 매너있게 된다. 간혹 Window shopping이라는 표현도 쓴다고 하지만 이는 살 의도가 전혀 없다는 의미를 포함하게 되므로 싫어하는 점원이 있을 수도 있으니 조심하는 게 좋겠다.

example

- **I'm just browsing, thank you.**
  그냥 보고 있어요, 고마워요.
- **I'm just looking.**
  그냥 구경하는데요.
- **I'm just looking around.**
  그냥 보고 있어요.

5 You could probably ~ '~인 것 같아요, 아마 ~일거에요, ~할지도 몰라요'

실제 대화에서는 '~은 ~이다'라는 단정적인 단호한 표현보다는 우회적으로 에둘러서 완곡하게 표현하는 것이 더 많이 쓰이게 된다. 그리고 상황에 따라서는 이렇게 완곡한 표현이 더 올바른 경우도 있다.

example

- **You could probably find your size online.**
  온라인 매장에서 사이즈를 찾으실 수 있을거에요.   (I feel pretty 교재 p.20)
- **You could probably commute to work on this bicycle.**
  이 자전거를 타고 출근할 수 있을 거에요.
- **You could probably use some help at this point.**
  이 지점에서 도움을 좀 받을 수 있는 것 같아요.
- **He could probably start accepting that it wasn't his fault.**
  그는 자신의 잘못이 아니라는 사실을 받아들이기 시작했을지도 몰라요.

5 시츄에이션 시뮬레이션

여러분이 아름다워지기 위해 정기적으로 방문하는 미장원(beauty parlor, hair salon, hair shop), 네일샵(nail salon) 등에서 자신이 원하는 것을 말할 때 사용하는 표현들을 알아둡시다. 아래에 밑줄 그어진 I'm here to~ / Can you ~ / I'd like to ~ 등은 여러분이 고객으로서 돈을 쓰고 원하는 것을 말할 때 어디서든지 사용할 수 있는 패턴입니다.

- **Short hair suits me better.**
  짧은 머리가 나한테 더 잘 어울려요.

- **I'm here to get my hair permed.**
  머리 파마하려고 왔어요.

- **Can you bleach my hair white?**
  머리를 하얗게 탈색시켜주세요.

- **I'd like to get my hair dyed.**
  머리 염색하고 싶어요.

- **I'm here to get a cut and perm.**
  머리자르고 파마하려고요.

- **I have split ends. Can you give me a trim?**
  머리 끝이 갈라졌어요. 다듬어 주세요.

- **Can you trim my ends?**
  머리 끝을 다듬어 주세요.

6 백업하기

YOUTUBE VIDEO

Hey guys this is Jen... and today _____

❶ 나는 공유하고 싶어요(소개하고

_____ another really cool hair tutorial with you.

싶어요)

This look is a very punk rock faux-hawk... using a ponytail.

_____ at the top and add a bump to the top of my

❷ 난 시작할거에요

head. _____ with some hair spray until you

❸ 두피쪽으로로 빗어주세요

have a lot of volume there. Now I'm taking another little section a little bit wider. Now tie this part back. Now at the very end of your ponytail... I have this little bit of hair at the end. So _____. So this is the

❹ 여기에 볼륨을 많이 넣어줄 거에요

final look. I hope you guys... enjoyed this rock star... kind of punk rock Mohawk-faux hawk. If you did, _____

❺이 비디오에

_____ and _____

좋아요 누르는 거 잊지 마세요   ❻ 이 채널을 구독하세요

for more hair tutorials. This is Jen and I will talk to you guys...

정답 표기

❶ I wanted to share
❷ I'm going to start
❸ Back comb
❹ I'm just going to give it a lot of volume.
❺ don't forget to give this video··· a thumbs up
❻ subscribe to the channel

22   아이필 프리티 자막없이 보기

Let's Match

1) 강사 •

2) 수업잘해 •

3) 여기가 아닌가요? •

4) 소방관이었던 사람 •

5) 너의 큰발에 잘 맞는 •

6) 두피쪽으로 빗질하다 •

7) 엄지척 좋아요! •

8) 채널을 구독하다 •

9) 내꺼 둘러보고있다 •

10) 사이즈가 제한적이다 •

• A) Is this not where I go?

• B) browsing for me

• C) sizing is limited

• D) subscribe to the channel

• E) Have a good class.

• F) who used to be a fire man

• G) back comb

• H) instructor

• I) matches your big foot

• J) a thumbs up

Happening **2**

Online division

1 Storyboard

외모 때문에 항상 자신 없고 의기소침한 르네는 직장마저도 우울하다. 메이슨이라는 홍보 직원과 단둘이 지하의 어두컴컴한 사무실에서 일한다. 물론 대기업인 릴리 르클레어 화장품회사이긴 하지만 온라인사업부(Online Division)는 한참 떨어진 차이나타운의 후미진 골목의 작은 건물 지하에 떨어져 있다. 모든 게 우울한 상황에서 뭔가 변화를 탐색하던 르네는 메이슨과 대화를 시도하는데….

2 피가되고 살이되는 문화팁

- **Online Division** 온라인 부서

- **HR(Human Resources)** 인사팀

- **Finance** 재무팀

- **R & D (Research and Development)**
  연구개발팀

- **Customer Service** 고객관리팀

- **Corporate** 주식회사

- **Headquarters** 본사

5th Avenue

뉴욕 맨하탄을 남쪽에서 북쪽으로 길게 뻗은 중심 도로로 세계에서 가장 비싸고 품격 있는 거리로 알려져 있다. 전 세계 명품숍들이 즐비하게 있고 메트로폴리탄 박물관과 센트럴파크와도 인접해있으며, 이 거리에 세계 부자들의 레지던스들이 집중되어 있다. 트럼프 대통령의 트럼프 빌딩도 이 거리에 위치해있다.

Chinatown

뉴욕 맨하탄의 남쪽에 위치한 중국인 밀집지역이다. 1850년대 이후로 시작되어 역사가 오래되어 많은 중국인들이 거주한다. 음력 설에는 축하행사가 이곳에서 벌어진다. 맨하탄 중심부에 위치한 코리아 타운의 거의 두배 이상의 크기라고 보면 된다.

립스틱이름은 각 브랜드마다 매 시즌마다 다양하고, 번호 이외에도 음식이름이 많이 붙는다. 예를 들어 딸기우유 핑크, 라스베리 소르베, 상그리아 와인 처럼 음식의 이름을 색깔에 많이 붙인다.

이 장면에서는 르네가 메이슨과 대화하며 립스틱에 대한 소비자 불만에 대해 얘기를 나누는데, clafoutis 립스틱이다. 이 단어의 발음을 할 때 르네와 메이슨이 다르게 해서 르네는 '클라푸티' 메이슨은 '클라파우티스' 라고 발음한다. 그것은 바로 이 단어가 프랑스어에서 온 단어로 의미는 예쁜 파이종류이다. 빵과 디저트는 서양 음식문화에 중요한 부분이니, 왠만한 빵과 디저트에 대해서 이름 정도는 알아두자.

3 영어로 말해보기

괜찮아요(거절의 의미) / 아니 괜찮습니다.

	힌트	I'm~
	영화 속 표현	I'm good.
&	또 다른 표현	I'm fine.

1. 우리 잡담이라도 해야할까요?

2. 우리 여기서 재미있게 보내야지요.

3. 우리는 출근해서 서로 교류하는 것에 신나야 해요.

4. 관둬요.

5. 인터넷에서 본 것 보다 훨씬 오렌지색이 진해요.

4 원어민 따라잡기

1 I'm good. 괜찮아요(거절의 의미) / 아니 괜찮습니다

간단히 거절할 때 No thank you.라고 말하면 되지만, 그냥 I'm good 혹은 I'm fine 이라고 흔히 말한다. 혹자는 해석하면 '나는 좋다, 나는 괜찮다'의 의미이니까 찬성의 의미라고 생각할 수 있지만, 이 표현은 부드럽게 거절하는 의미로 자주 사용하는 표현이다. 또한 상황이나 지역에 따라 다양하게 쓰일 수 있다. 영국영어에서는 아이들이 'I'm good'을 자주 사용하는데, '나는 잘 행동했다' 즉 'I'm well behaved'의 의미를 갖기도 한다.

example

- **A:** **Would you like to trade in your iPhone for the new Galaxy?**
  아이폰을 최신 갤럭시폰으로 바꿀래?
- **B:** **I'm good.**
  아뇨, 괜찮습니다. (from Urban dictionary)

- **GRANT:** **You want anything?**
  뭐 먹을래요?
- **RENEE:** **Oh no. I'm fine.**
  아뇨. 괜찮아요. (I feel pretty 교재 p.240)

- **VIRGIL:** **What do you say we dance?**
  춤 출래요?
- **AMY:** **No, really, I'm fine...**
  아뇨, 괜찮아요. (영화 At first sight)

2 We should~ ~해야 한다

가벼운 조언이나 충고를 할 때 사용하는 표현으로 must와 have to와 같은 의미지만 강제성이 약하다. 권유를 할 때나 말하는 사람의 확신이 부족할 때도 사용하는 표현이다. Why 나 how와 같은 의문사와 함께 쓰이면 당연하다는 의미를 강조하게 된다.

example

- **Did something happen to your arm? Should I call a doctor?**
  팔이 이상한가요? 의사 불러드릴까요? (I feel pretty 교재 p.76)
- **How long should I wait to call?**
  전화하려면 얼마나 기다려야 하나요? (I feel pretty 교재 p.140)

3 I'm so sick of~ ~가 지긋지긋하다 / 넌덜머리가 난다

지겨워서 싫다 못해 아프기까지 하다는 의미로 무언가에 대해 참을 수 없을 때 쓰는 표현이다. 어떠한 일이 너무 자주 일어나다보니 지겨워지는 상황에서 사용한다. 보다 얌전하게 말하고 싶을 때는 I'm tired of~를 사용하고, 더 강하게 표현하고 싶으면 I'm sick and tired of~을 사용한다.

> **example**

- **It's not fair and I'm sick of it.**
  불공평하잖아. 진짜 지긋지긋해. (I feel pretty 교재 p.30)
- **I'm sick of listening to this radio station.**
  이 라디오 방송 듣는 거 넌덜머리가 나.

4 I'm getting~

점점 상태가 변하고 있을 때 사용하는 표현으로 상태의 변화에 대해 좀 더 구체적으로 보여주는 표현이다. 또 다른 의미로 사용될 때가 있는데, 화자가 하고자 하는 일에 대해 의지를 보여준다.

> **example**

- **I'm getting out of here.**
  나가야겠어요. (I feel pretty 교재 p.24)
- **I'm getting a coffee.**
  커피 사올게요. (I feel pretty 교재 p.24)
- **I'm getting to know that.**
  그걸 알아가고 있죠. (I feel pretty 교재 p.164)

5 That is exactly why ~ 그게 바로 ~하는 이유야

앞에 나온 문장의 결과를 말할 때 사용하는 표현이다. 반대로 앞 문장에 대한 이유를 설명할 때는 That's because~라는 표현을 사용한다.

> **example**

- **That's why these regular girls flock to the anonymous aisles of a big super store.**
  그래서 평범한 여자들이 직원이 없는 대형 할인점에 가는 거예요. (I feel pretty 교재 p.172)
- **That's why I feel really lucky to have someone like you here.**
  그래도 르네 자기 같은 사람이 있어서 다행이야. (I feel pretty 교재 p.174)

5 시츄에이션 시뮬레이션

TMI Too Much Information

디지털 모바일 기술의 최첨단 시대를 살고 있는 요즘 세상에 유행어 하나가 만들어지면 파급력은 어마어마해진다. 드라마에서 나온 호칭이나 단어가 번져나가게 되면 온갖 홈쇼핑 등의 광고문구부터 TV 방송, 소셜 미디어, 인터넷 기사까지 사방에서 사용되는 것이다. 최근에 많이 쓰이는 용어 중에 TMI가 있다. 영어 그대로 이 단어가 젊은이들 사회에서 많이 언급되는데, 문제는 영어 문화권에서 많이 사용되는 단어라서 원래의 의미가 있고 이 의미와 국내에서 사용되는 의미사이에 뉘앙스 차이가 크다는 점이다.

번역 그대로 대화 중에 너무 쓸데 없는 정보를 많이 줄 때 사용하는 단어이다. 그러나 상황의 차이가 좀 다르다. 영어권에서 TMI는 성적인 것이나 더러운 것을 안 해도 될 정도로 너무 자세하게 얘기할 때 '우웩 더러워. 그런 얘기 그만해' 정도의 의미가 되는 표현이다. 국내에서 너무나 유명한 유튜브 크리에이터인 데이브의 영상을 참조하면 의미차이와 오류가 쏙쏙 머리에 들어온다.

(The world of Dave, TMI... 외국에서 다른 의미로 쓴다고!? TMI – What it means in Korea
https://www.youtube.com/watch?v=49JuxyoyKUo&feature=youtu.be

우리의 주인공 르네는 사무실을 같이 사용하는 유일한 동료직원 메이슨과 좀더 사교적인 관계를 맺고싶어한다. 동료라고는 달랑 둘이 매일 한 사무실에서 보내는데, 재미있는 대화도 없고 웃음도 없고 우울

한 일상에 직장생활은 더 죽을 맛이다. 그래서 메이슨에게 재미있게 회사생활을 하자고 대화를 시도하는데, 사교성이 떨어지는 메이슨이 하는 말이라곤 어이없이 말할 필요가 전혀없는 정보이다. 바로 이럴때 TMI를 써주면 되는데, '관둬라'는 의미로 르네의 'Forget it.'도 적절한 표현이다.

RENEE　We should have fun in here. We should come in... and be like excited to interact.
　　　　재미있을 수도 있잖아요. 출근해서 떠들고 시끌시끌하게요.

MASON　I had sex last night.
　　　　(한숨쉬며) 어젯밤에 섹스했어요.

RENEE　Oh cool.
　　　　좋네요.

MASON　I was alone.
　　　　(무표정하게) 혼자서요.

RENEE　Forget it.
　　　　관두죠.

다음의 대화 예를 보면 TMI의 사용차이를 명확하게 알 수 있다.

TMI, man! Why did you have to tell me that? How am I supposed to erase that from my brain, dammit!
TMI야 임마! 왜 그걸 나에게 말했어? 그걸 내 머리에서 어떻게 지우라고, 젠장!

백업하기

MASON   Customers are saying it's _____.

❶ 인터넷에서 본 것보다 오렌지색이

_____

훨씬 진하다던데요.

RENEE   No. Okay. Then tell me this isn't _____. Look at

❷같은 색이 아닌지 봐봐요.

this. Look.

MASON   I just write code.

RENEE   Come on, Mason.

RENEE   _____ they should let us run the website from the

❸ 이러니까 ~ 그런 거예요.

5th Avenue headquarters. Right? God! Why does Lily LeClaire like

hide us in this weird… Chinatown basement? _____

❹ 진짜 지겨워요.

_____

MASON   No.

RENEE   _____. I'm getting a coffee. A real coffee.

❺ 나가야겠어요.

_____. Do you want anything?

❻ 저 쓰레기같은 거 말고

MASON   Bagutti.

RENEE   You mean a baguette?

MASON   Yeah.

RENEE   You want a whole baguette?

MASON   Half.

RENEE   Half a baguette. That's not weird.

Let's Match

1) 정말 이상했어 •

2) 우리 농담 같은 거 좀 더 할까? •

3) 관둬라 •

4) 회사에서 온 이메일 받았니? •

5) 인터넷으로 본것 보다 •

6) 본사 •

7) 나 너무 지겨워 •

8) 여기서 나가다 •

9) 커피 사올게 •

10) 쓰레기 •

• A) Forget it.

• B) Should we have more like banter?

• C) crap

• D) It was weird.

• E) I'm so sick of it.

• F) getting out of here.

• G) Did you get that email from Corporate?

• H) I'm getting a coffee.

• I) more~ than it looks online

• J) headquarters

Let's Match 1→D 2→B 3→A 4→G 5→I 6→J 7→E 8→F 9→H 10→C

Happening **3**

Look pretty

1 Storyboard

르네의 유일한 즐거움은 단짝 친구들과의 모임이다. 여느 다른 여자들의 모임과 마찬가지로 재미있게 수다도 떨고 화장도 서로 해 주며 즐기고 있다. 르네의 친구들인 비비안과 제인도 미인처럼 보이지 않고 몸매도 르네와 별반 다르지 않다. 오랜 세월 친구였던 이들은 함께 그룹데이트 사이트에 가입해서 단체 미팅을 하려고 계획 중이다. 프로필 사진도 단체로 찍어서 올려야 해서 서로 사진을 찍으며 즐거운 시간을 보내고 있다.

2 피가되고 살이되는 문화팁

● **Social Media**

Social Media는 현대인의 삶에서 뗄 수 없는 부분이 되었다. 여러가지 이유때문에 아예 쓰지 않는 사람도 있지만 대다수가 Social Media를 통해 자신의 생활을 꾸며놓고 세상과 소통하고 있다. 친구끼리 사용하는 social media도 많지만, 방문자들이 있을 수도 있고, 자신을 알려야 하는 social media가 많기 때문에 전혀 본적 없는 사람들에게 프로필을 작성해서 자신을 소개한다.

● **Tweet content**

● **Facebook like**

● **Facebook share**

● **Google+ +1**

● **Linkedin share**

● **dares**

'dare'는 '~할 엄두를 내다, (겁이 없다는 것을 보이려) ~을 해보라고 부추기다'라는 동사 뜻과 '시험 삼아 해보는 모험, 도전'의 명사 뜻을 가지고 있다. 어린 시절에 많이 하는 게임 중에 하나가 'Truth or dare'인데 일종의 진실게임이다. Truth를 택하면 대답하기 난처한 질문을 받아서 답변을 해야 하고, Dare를 택하면 황당한 미션을 제시 받아서 그것을 수행해야 하는 게임이다. 홀딱 벗기, 엉덩이 맞기, 모두에게 프렌치키스 하기 등등 미션을 정하기도 하고 몇 가지를 정해서 쓰기도 한다. 주사위나 병 같은 도구를 이용해서 사람을 정하기도 한다.

영화에서 친구들과 르네는 그룹미팅 사이트의 프로필에 대해 얘기하며 'dares' 칸에 기입할 내용에 대해 의견을 나눈다. 여기서는 자신이 과감하게 시도하는 도전이나 그 동안 해봤던 과감한 도전을 말하는 것이지만 주로 dares는 놀이에서 주어지는 도전 미션의 의미이다. 예를 들어 덕테잎 도전(Duct tape challenge)이 있는데, 십대들이 친구 한 명을 막대에 덕테잎으로 묶어놓고 탈출하게 한다. 혹은 진짜 음식 도전(real food challenge)은 두 사람 앞에 가려놓은 접시 두개가 놓여 있고 속에 뭐가 들었는지 모른다. 접시를 선택하면 반드시 먹어야 하는데, 한 접시에는 진짜 음식이, 나머지 하나에는 개밥이나 곤충같은 역겨운 것이 있다. 소금과 얼음 도전(Salt and ice challenge)은 피부에 소금을 잔뜩 뿌리고 얼음을 그 위에 올려놓고 견디게 하는 것인데 시간을 정해놓고 하지만 2도에서 3도 화상까지도 입게 할 수 있는 위험한 도전이다. 움직이는 차 위에 오래 타고 있기(Car surfing), 휘발성 액체를 몸에 붓고 불을 붙인 후에 수영장이나 물웅덩이로 들어가기(Fire challenge)같은 위험한 장난들도 있다.

- **profile**
  프로필. 사람에 대한 간단한 묘사와 설명을 말하고, 사람에 대한 소개말, 간단한 인적 사항의 뜻이다. 국내에서 프사(profile picture)로 줄여서도 많이 쓰인다.

- **shares**
  공유. 소셜미디어에서 공유가 많으면 그만큼 전파가 많이 된다는 의미이니 수치가 중요하게 여겨진다.

- **Facebook likes / YouTube thumbs up**
  좋음. 소셜미디어에 올려진 글이나 사진에 대해 반응을 주는 것이고 이 역시 shares와 함께 인기의 척도라고 볼 수 있다.

- **status**
  소셜미디어에 간단하게 표시해 놓는 대표적인 자신의 현재 상태를 말한다. 기분에 관해 언급할 수도 있고, '현재 연애 중' 이런 식으로 상황을 언급할 수도 있다.

- **peptalk**
  상대방을 기운 나게 해주는 말, 격려

3 영어로 말해보기

나 포토퀸이야! / 나 사진발 잘 받아!

힌트	photo
영화 속 표현	I'm a photo queen!
또 다른 표현	I'm photogenic.

1. 신경 안 쓸 거야.

2. 그 남자랑 먼저 데이트 하고 싶었던 것도 아닌데.

3. 직장에서 이런 거 그냥 가져오고 그러네.

4. 그런 거 프로필에 적지 마.

5. 흥미로운 지적이었어.

원어민 따라잡기

1 It's kinda rad that ~ ~하다니 진짜 좋다 / 멋지다

구어체에서 많이 쓰이는 kind of는 빠르게 발음할 때 kinda로 표기된다. '약간, 꽤나'의 의미를 가지고 있고 무의식적 혹은 습관적으로 사용되는 말이기 때문에 해석에 큰 영향을 주지 않는다. 'rad'는 비격식적인 표현으로 'awesome' 이나 'cool'과 같은 의미를 가지지만 주로 편한 사이의 사람들과 대화를 할 때 사용된다.

example

- **It's kinda rad that your work lets you take all this stuff.**
  이런 거 직장에서 그냥 가져와도 된다니 진짜 좋다.   (I feel pretty 교재 p.26)
- **Your jacket is totally rad!**
  네 자켓 진짜 멋지다!

2 It's more like ~ ~에 더 가깝다

여러 가지 뜻을 가지고 있는 like는 구어체에서 습관적으로 흔히 사용되는 표현이다. 감정을 나타내거나 특정 행위를 비유적으로 나타낼 때는 '~와 같은'이라는 뜻으로 사용되며, 우리말로 '그, 저, 막'과 같이 단어나 문장 사이의 공백에 의미 없이 사용되기도 한다. 지금 소개하고 있는 표현에선 '말하자면 ~같은 느낌이야'라는 의미로 같은 특성이나 특징을 가지고 있는 걸 말할 때 사용한다.

example

- **It's more like implied.**
  말하자면 은연중에 그렇다는 거야. / 암암리에 하는 거야.   (I feel pretty 교재 p.26)
- **It's more like a game rather than competition.**
  경쟁이라기보단 게임이지.

3 That's (exactly) what ~ 그게 바로 ~예요

앞에 나온 문장이 말하고자 하는 바일 때 사용하는 표현으로, 말하고자 하는 것을 소개하고 있는 표현 이후에 말하면 된다. 'exactly'와 함께 쓰이면 더 단정적이고 단호한 표현이 된다. 이 때 what은 의문사가 아니라 관계대명사로 '~한 것'으로 해석한다.

example

- **That's exactly what my pill pack looks like.**
  내 약통이랑 완전 똑같다.   (I feel pretty 교재 p.28)
- **That's what I was hoping.**
  딱 바라던 거네요.   (I feel pretty 교재 p.166)
- **That's what causes my insecurity.**
  바로 그런 말이 절 불안하게 해요.   (I feel pretty 교재 p.284)

4 **The thing is~** 말하자면 ~ / 사실은 ~

말을 시작할 때 문두에 사용하는 표현으로 명확한 의미를 가지지 않지만 설명하거나 변명할 때 주로 사용된다. 도입표현으로 사용되기 때문에 주의를 집중시키거나 환기시키는 역할을 한다. 비슷한 표현으로 'Here's the thing' 이 있는데 '설명하자면 이런거야'라는 정도로 해석할 수 있다.

example

• **The thing is like different kinds of men are looking for different things.**
사람마다 취향이 다르잖아.   (I feel pretty 교재 p.30)

• **A: Can you come help me set up my computer?**
컴퓨터 설정하는 것 좀 도와주러 올 수 있어?
• **B: I'd really like to help you. The thing is, I'm really busy right now.**
도와주고 싶은데, 내가 지금 진짜 바빠.

5 **Nobody cares about~** 아무도 ~에 신경 쓰지 않는다

'Anybody doesn't care about~'과 같은 뜻이지만 소개하는 표현처럼 부정의 표현이 주어에 있으면 훨씬 강한 표현이 된다. 반대로 신경을 엄청 써서 거슬리는 상황에서 짜증을 내듯이 사용되기도 한다.

example

• **Nobody cares about the profile.**
아무도 프로필엔 신경 안 써.   (I feel pretty 교재 p.30)
• **No one even looks at the profile.**
프로필은 보지도 않을거야.   (I feel pretty 교재 p.30)
• **Man: My boyfriend and I--**
내 남자친구랑 내가~
• **Bigot: Nobody cares that you're gay.**
아무도 네가 게이인거 알고 싶어 하지 않거든.   (from Urban Dictionary)

6 **~ is all that matters** 중요한 건 ~이다

'matter'은 명사로 쓰일 땐 '문제, 일, 사안'이라는 뜻을 가지지만 동사로 쓰일 땐 '중요하다'라는 뜻을 가진다. 이 패턴에서는 '~가 중요한 전부야'라는 정도로 해석하며 언급한 것 이외에 중요한 것은 아무것도 없다는 뜻을 내포하고 있다.

example

• **The picture is all that matters.**
중요한 건 사진이야.   (I feel pretty 교재 p.30)
• **She's dressed like an old man watering his lawn, ...it doesn't matter.**
잔디에 물 주는 아저씨처럼 입고 다니지만 …그게 중요한 게 아니죠.   (I feel pretty 교재 p.228)
• **All that matters is how you look at him.**
중요한 건 네가 그 사람을 어떻게 보는지야.   (영화 Friends with benefits)

5 시츄에이션 시뮬레이션

외모에 대한 편견이 주로 다뤄지는 영화라서 외모에 관련된 표현이나 화장품에 관련된 용어들이 많이 나온다. 이런 어휘들은 사실 우리 생활 속에서 밀접하게 연결되어, 친구들과의 대화에서도 서로의 피부 문제점을 얘기하거나 피부를 칭찬하며 화제거리가 될 수도 있다.

- **double chin** 이중턱
- **acne, pimples and breakouts** 여드름
- **cellulite** 셀룰라이트
- **stretch marks** 튼살
- **to reduce fine lines** 미세주름 줄이기
- **undo hyperpigmentation** 과다색소침착 없애기
- **jawline** 턱선
- **bumps** 혹, 덩어리
- **adipose** 지방조직
- **scar** 흉터
- **comedo(blackhead)** 블랙헤드
- **milia** 패립종(눈근처에 좁쌀처럼 자잘한 혹들)
- **cosmetic blotting paper.** 기름종이
- **blemish** 피부의 흠, 티

Becky The girl sitting 3 rows away is so pretty. Her skin looks baby smooth.
3줄 떨어져 앉아있는 여자애 너무 예뻐. 피부가 애기처럼 부드러워 보이네.

Jimmie Yeah. She really is pretty. Her skin is quite clear and without blemishes.
그래. 정말 예쁘다. 피부가 정말 깨끗하고 흠도 없네.

Becky I wish I had such a smooth skin. More glow and less shine.
나도 저런 매끈한 피부였으면. 더 빛나고 덜 기름지고.

Skin problems

Jimmie You do have a lovely face, Becky. You just don't take care of yourself.

너도 예쁜 얼굴이야, 베키. 너는 스스로를 꾸미지를 않을 뿐이지.

Becky What do you mean I don't take care of myself? I exercise, have healthy eating habits, and sleep well.

안꾸민다는게 무슨 말이야? 나 운동하고 건강한 식습관이고, 잠도 잘자는데.

Jimmie I know you have a healthy lifestyle. But, your skin needs a lot more than that.

너가 건강한 라이프스타일을 가진거 나도 알지. 그렇지만, 너 피부는 그것보다는 좀 더 필요해.

Becky Really? Like what?

정말? 예를 들면?

Jimmie There are many natural home remedies to help manage oily skin and acne flare-ups. Your skin needs a lot of pampering, especially your face.

천연 가정 요법이 많아서 기름진 얼굴과 여드름 곪는 것을 관리할 수 있어. 네 피부는 많은 보살핌이 필요해, 특히 얼굴.

Becky Hmm... I definitely have to start taking care of my skin.

음.... 확실히 피부 관리를 시작해야겠네.

참조: http://twominenglish.com/video/132-Talking_About_Skin_Problems_Conversational_Engli.html

백업하기

RENEE   I'm not competing with this. I'm not doing it.

JANE   Whoa Renee, _____ like different kinds of men are looking for

         ❶ 중요한 것은

     different things.

VIVIAN   Like I mean, I know that my guy is going to be interested... in the fact

     that I like true crime... and inter-species animal. ...friendships.

JANE   Please...

VIVIAN   And _____

         ❷ 난 그것들을 'dare' 항목에 모두 덧붙였어.

JANE   No, _____.

         ❸ 그런 거 프로필에 적지 마.

RENEE   My God, Viv, _____. No one even looks at

         ❹ 아무도 프로필 신경안써.

     the profile.

RENEE   _____ and you get a picture of yourself and you

         ❺ 사진이 중요한 전부야.

     feel like really good about it and you hide your _____, you

                                                         ❻ 이중턱.

     hide your _____ and you hide your _____. And then

         ❼ 여드름.   ❽ 셀룰라이트.

     when the guy meets you in person, he's like so disappointed. Or you

     take a picture... of yourself where you feel it really looks like you.

     And then you check your profile and no... one is liking it or clicking

     or twitting it or poking you. And you didn't even want to go out with

     this guy in the first place. But he's rejecting you and it's not fair and

     _____.

         ❾ 난 정말 구역질나게 싫어.

❺ The picture is all that matters

❹ nobody cares about the profile.

❸ don't put that on the profile.

❷ I've added them all on dares…

❶ the thing is

❾ I'm sick of it.

❽ cellulite.

❼ acne

❻ double chin

Let's Match

1) 잘 받다, 잘 어울리다 •

2) 나처럼 보이는지 •

3) 묵시적으로 하는 거지. •

4) 그들은 신경도 안쓸거야 •

5) 너 빠지면 안돼 •

6) 데이트에 짝맞추려면 •

7) 우리가 경쟁하는 •

8) 중요한 것은 •

9) 아무도 신경안써 •

10) 직접 너를 만나 •

• A) They wouldn't care.

• B) You're not bailing

• C) do(es) it

• D) in order to get matched on a date

• E) we're competing with~

• F) Nobody cares about~

• G) meet you in person

• H) If I look like me.

• I) It's more like implied.

• J) The thing is~

Happening **4**

Office crisis

1 Storyboard

출근해서 사무실에 도착한 르네는 메이슨의 상태가 심상치 않은 것을 알게 된다. 속옷바람에 당황해서 난리가 났는데, 샐러드 드레싱을 쏟아서 난장판이 되었기 때문이다. 게다가 서버가 다운되어 본사에 전달해야 할 서류를 보낼 수가 없는 상황이다. 그러니 급히 회의 시간 내에 갈 수 있는 사람은 르네 밖에 없는 거다. 그러나 르네는 오늘따라 엉망인 상태라서 정말 당황하게 되는데….

- bathing suit / swimsuit
- one-piece bathing suit
- swim trunks
- flip-flops

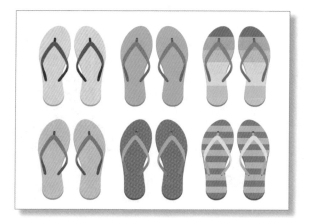

- bikini top - bikini bottom

- bathing suit top-bathing suit bottoms

- **undies / underwear** 속옷

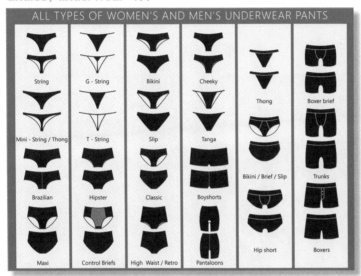

ALL TYPES OF WOMEN'S AND MEN'S UNDERWEAR PANTS

- **Bed, Bath and Beyond**

침실용품, 목욕용품 등의 생활 필수품을 판매하는 체인 상점이다. 미국, 캐나다, 멕시코 등에 체인점이 많고 다양한 종류의 브랜드 제품을 파는 토털샵이다.

- **Bath and body works**

향수, 샤워젤, 보디로션, 샴푸, 비누, 핸드크림 등등 향과 관련된 다양한 바디제품을 판다. 여행객들이 여기의 항균젤(anti-bacterial hand gel)이 싸고 좋아서 기념품으로 많이 구매한다.

할 수 있다.

힌트	I got ~
영화 속 표현	I got this.
또 다른 표현	I can handle this. I can do this. I can cover this.

1. 샐러드 드레싱을 바지에 쏟았어요.

2. 서버가 다운됐어요.

3. 그런 적이 있었는데.

4. 항상 금방 복구됐었는데.

5. 언제 샤워하는지는 내 마음이에요.

원어민 따라잡기

1 feel compelled to~ ~하도록 강요받다 / ~하도록 의무감을 느끼다.

누군가에 의해 '강요받는 느낌을 받는다'는 의미를 가진 표현으로 타인의 시선에 신경을 써야 하는 상황을 언급할 때도 사용할 수 있다.

> example

- **Once we stop feeling compelled to....participate in things like pants.**
  바지 같은 걸 입어야겠다는 생각조차 하지 않는다면. (I feel pretty 교재 p.42)
- **I did not want to study but I felt compelled to do so.**
  공부를 하고 싶지 않았지만 해야한다고 느꼈다. (from WordReference)

2 ~ have gone too far 너무 심하다 / 도가 지나치다

합리적이고 상식적인 정도를 지나쳐 인정할 수 있는 범위를 넘어선 상태를 나타낼 때 사용하는 표현이다. 상황에 따라서 가볍게 사용될 수도 있다. 벌어진 행동에 대한 결과를 강조하기 때문에 주로 완료형태를 사용한다.

> example

- **We've gone too far outside the social contract.**
  사회적 합의에서 너무 벗어나는 거예요. (I feel pretty 교재 p.42)
- **His jokes are funny, but sometimes he goes too far.**
  그의 농담은 재밌긴 하지만 가끔 도가 지나쳐. (from Cambridge Dictionary)

3 ~ be in crisis. 긴급상황이에요 / 위기상황이에요

문제가 발생했을 때 뿐만 아니라 혼란스럽거나 서로 대립하고 있는 상황에서도 포괄적으로 사용될 수 있다.

> example

- **We're in crisis.**
  긴급 상황이에요. (I feel pretty 교재 p.42)
- **The country's leadership is in crisis.**
  그 나라의 지도부가 위태롭다. (from Cambridge Dictionary)

4 It's happened~ (일이) 일어나다 / 발생하다

이 표현은 사건이나 상황이 누군가의 의도로 발생하는 것이 아니라 갑자기 혹은 우연히 벌어지는 경우에 사용된다. 그래서 주로 상황을 나타낼 땐 보통 it을 쓰며 '사람 happened to ~'의 형태로 쓰면 그 사람이 우연찮게 어떤 행동을 했다는 뜻을 가진다.

> example

- **The server is down. It's happened... before, it always comes back online.**
  서버가 다운됐어요. 예전에도 그랬지만, 금방 복구됐었는데. (I feel pretty 교재 p.42)
- **So this is how it happens?**
  이런 거 였구나? (I feel pretty 교재 p.96)

5 ~ is my business ~은 내 마음이다 / ~은 내가 알아서 할 일이다

'당신이 상관할 바가 아니다'라는 의미의 'None of your business'에서 형태가 변형된 것으로 business에 '소관'이라는 의미가 있다. 자꾸 참견하고 간섭하는 사람에게 욕설보다는 점잖게 말할 수 있는 표현이다.

example

- **When I shower is my business.**
  언제 샤워하느냐는 제 마음이죠. (I feel pretty 교재 p.44)
- **Mind your own business.**
  무슨 상관이야 / 네 일이나 신경 써

5 시츄에이션 시뮬레이션

갑자기 컴퓨터 문제가 생기는 상황을 주로 computer crisis라고 한다. 컴퓨터에 문제가 생기는 일은 일상에서 자주 당하는 일인데, 그 문제들을 어떻게 말하는지 알아야 물어서 해결할 수 있을 것이다.

- **I am having problems with my computer.**
  내 컴퓨터에 문제가 있어요.

- **The screen keeps freezing**
  화면이 계속 정지되어있어.

- **I seem to have lost some documents.**
  몇가지 자료를 날린 것 같아.

- **I have turned the computer off and on but that hasn't fixed it.**
  컴퓨터를 껐다가 켰는데 고쳐지지 않아.

- **Remember if you have important documents, it's best to back them up on a memory stick. Just in case you have a problem.**
  만일 중요한 자료가 있으면 드라이브에 백업하는게 최고라는 거 명심해. 만일 문제가 있을 경우를 대비해서.

- **Are we on the wi-fi?**
  와이파이 연결된건가요?

- **If you download too many applications, you might not have enough memory. In this situation we say that your computer is running out of space, which means there is no memory left.**
  너무 많은 앱을 다운 받으면 충분한 메모리가 없을지도 몰라. 이런 상황에서 당신 컴퓨터가 공간이 부족하다고 하고 그 말은 메모리가 남은게 없다는 뜻이야.

- **The computer doesn't seem to be responding.**
  컴퓨터가 반응이 없는 것 같아.

- **The Internet is down.**
  인터넷이 다운되었어.

Computer Crisis

Anna   It's frozen. Nothing will work...
멈췄어. 아무 것도 작동되지 않아.

Paul   Can anyone get their computers to work? Or is just me?
누구 컴퓨터 작동시킬 수 없니? 나만 있나?

Denise   Leave it to me. I'll sort it out. You just need to switch it off... and on again ... like that.
나한테 맡겨봐. 해결해 볼게. 그냥 꺼볼 필요가 있는 거 같아. 그리고 다시 키는 거지. 그렇게

Anna   Hold on, let's check... Denise! All my documents have gone now!
잠깐, 확인해 볼게⋯ 드니즈! 모든 자료가 날라갔어!

Denise   Oh, sorry, I was just trying to help. You'll just have to call I.T. Support, look, Here's their number.
오 미안, 도우려고 했던건데. IT 지원 부서에 전화해봐. 여기 전화번호.

Anna   OK, thanks. I'll give it a try. Here goes.
알았어. 해볼게. 해보자.

I.T. Man   I.T., Dave speaking, how can I help?
IT부서입니다. 데이브입니다. 어떻게 도와드릴까요?

Anna   Oh hello Dave – I'm having some computer problems.
안녕 데이브. 컴퓨터에 문제가 좀 있어요.

I.T. Man   Right. What system are you using?
그렇군요. 무슨 시스템을 사용하고 있지요?

Anna   What system?
무슨 시스템요?

I.T. Man   Yeah, what are you using? PC, laptop, Windows XP?
네, 뭘 사용하시나요? 피씨? 노트북? 윈도우 xp?

Denise   Tell him it's Windows 7.
윈도우7이라고 말해.

Anna   Erm... it's Windows 7 on a PC.

음, 윈도우 7이요, 피씨.

I.T. Man   Good, good, this should be easy. Were you using many applications when it crashed?

좋아요. 쉬울 거에요. 컴퓨터가 멈췄을 때 많은 응용프로그램들을 쓰고 있었나요?

Anna   Applications?

응용 프로그램이요?

I.T. Man   Did you have lots of things open – documents, spreadsheets, videos, other software?

많은 것들을 열어놨나요? – 문서자료, 엑셀자료, 비디오, 다른 소프트웨어들을?

Anna   Well, I suppose I did.

음, 그랬던 것 같아요.

I.T. Man   Right, well... Anna isn't it?

좋아요… 애나라고 했지요?

Anna   Yes.

네.

I.T. Man   Right, well Anna, try pressing control, alt, delete, at the same time – after that try opening Windows again.

저기 애나, 콘트롤, 알트, 딜리트 버튼을 눌러봐요. 동시에요 – 그런 다음에 윈도우를 다시 열어 보세요.

Anna   No, the screen just freezes. I'm a bit worried because I think I've lost some documents.

안돼요. 스크린이 멈춰있어요. 많은 문서 자료를 잃었을까봐 좀 걱정되요.

I.T. Man   Hmmm. In that case the only thing to do is reboot it.

음. 그런 경우에 유일한 방법은 리부팅 시키는거에요.

Anna   Reboot it? You mean kick it?!

리부트? 때리라고요?

Denise No! Reboot means turn it on and off again.

아뇨! 리부팅은 다시 껐다가 키라고요.

Anna Oh I see. No Dave, I have already tried turning it off and on again but that hasn't fixed it. What am I going to do?

알겠어요. 안돼요 데이브. 이미 껐다 키는 것을 해봤어요. 근데 고쳐지지 않았어요. 어떻게 하지요?

I.T. Man Don't panic! I'll come and have a look. You're on the 2nd floor right?

당황하지 마세요! 제가 가서 볼게요. 2층에 계신거죠?

출처: http://www.bbc.co.uk/learningenglish/thai/features/english-at-work/44-language-to-in-dealing-with-it-support

백업하기

RENEE Look I know this office isn't the epicenter of anything... but once we stop feeling compelled to... participate in things like pants, _____ outside the social contract.

❶ 우리는 너무 지나친거예요.

MASON _____, Renee. The server _____.

❷ 우리 큰일 났어요.   ❸ 서버가 다운되었어요.

_____ before,... it always comes back online. But

❹ 전에 그런 적은 있었어요.

not this time.

RENEE Oh no... Wait-wait. How are we going to get the web-traffic reports to Corporate for their 11am? It's our only job in this stupid office!

MASON I'm already printing out the reports, and it's not stupid.

_____, but either way you can leave our stupid

❺ 좀 그럴지도 몰라요.

office in about 10 seconds.

RENEE Whoa-whoa-whoa! You think I'm going to Lily LeClaire today? Oh no, I am not going to Lily LeClaire. I promise you that, okay. I did not shower.

MASON You never shower.

RENEE I never shower for work. Okay. I shower at night.

❻ 언제 샤워하는

_____. I'm not going there. No. I'm wearing bathing suit

지는 내 마음이에요.

bottoms. ...because I have no clean undies. I have a Bed, Bath and Beyond bag for my purse. No!

❻ When I shower is my business.   ❸ server is down.
❺ It may be little   ❷ We're in crisis
❹ It's happened   ❶ We've gone too far   영어 표현

Let's Match

1) 부득이 의무감을 느끼다 •

2) 도를 넘다 •

3) 위기에 처한 •

4) 먹통인, 다운된 •

5) 그런 적이 있어. •

6) 다시 인터넷이 되다 •

7) 보고서를 인쇄하다 •

8) 어쨌든 •

9) 내 마음이야. •

10) 난 할 수 있다 •

• A) print out the reports

• B) either way

• C) ~ is my business

• D) I got this.

• E) It's happened.

• F) come back online

• G) feel compelled to

• H) go too far

• I) in crisis

• J) is down

Happening **5**

Receptionist

1 Storyboard

본사에 도착해서 서류를 잘 전달한 르네는 본사의 화려하고 세련된 분위기에 도취되어 흥분한다. 본사에서 근무하는 게 소원인 르네는 리셉셔니스트가 되고 싶어 한다. 현재 리셉셔니스트에게 이것저것 물으며 관심을 보이는데 퉁명스럽게 대답해준다. 그러다 리셉셔니스트를 새로 뽑을 예정이라는 정보를 듣고는 고민이 시작된다. 패션관련 사업체의 리셉셔니스트는 누구나 인정하는 미녀를 고용하는 게 관례이다. 왜냐하면 손님들이 제일 먼저 방문하여 문의를 하게 되는 자리이기 때문이다. 그런데 이 자리가 탐이 나는 르네는 자신감도 없고 속이 상한다.

2 피가되고 살이되는 문화팁

감정을 표현하는 것이 사람의 의사소통에서 가장 중요하다고 할 수 있다. 특히 상대가 어떤 말을 해 주었을 때, 그에 대해 반응을 잘 하는 것 만으로도 의사소통에 성공했다고 평가 받을 만 하다. 공감능력과 시기 적절한 반응과 대응 말은 성공적인 대화를 위해 꼭 필요한 요소이다.

상대의 말에 적절하게 반응한다는 것은 상대의 감정에 맞추어서 그 감정에 동조해서 공감한다는 것을 표현하는 것이다. 그냥 'right, right' , 'yes, yes' 라고 해도 충분히 공감할 수 있다. 아래 표현들로 공감능력을 갖춘 대화자가 되도록 하자.

● **Shut up.**
'입다물고 조용히 해!' 라는 일차적인 의미도 있지만, 상대에게 어떤 말을 들었을 때, 그 내용이 너무 황당해서 놀랍거나 동의할 수 없을 때에 '말도 안돼'의 의미로 더 많이 사용된다.

● **Super.**
상대의 말에 동조해주며 쓰는 말로, '멋지네' , '훌륭해' , '끝내줘' 등의 의미로 사용한다. Splendid, Brilliant, Great 등도 함께 많이 쓰인다.

● **Get out.**
너무 어의 없는 농담을 들었거나, 황당한 상황에서 상대의 말을 일축할 때 많이 말한다. 또한 믿기에는 너무 현실감이 없을 정도로 멋진 일을 들었을 때, 불신을 나타내며 대응하는 말이다.

A: I met Monica. We're sorta going out.
난 모니카를 만났어. 우리 데이트한거라고 할 수 있지.

B: Get out! That's awesome! Monica is really cool.
말도 안돼! 끝내주는데! 모니카 정말 멋지잖아.

• Tell me about it.

상대방 의견에 완전히 동의할 때 쓸 수 있는 표현이다. '그러게, 누가 아니래, 내 말이'라는 뜻으로 공감에 대한 적극적 표현이다.

=Of course, You can say that again.

Jim: I finally realized that, I can't give 100% to two things at once, you know?
        마침내 깨달았어. 한번에 두가지 일에 백프로의 정성을 쏟을 순 없어. 알아?

(미드 The office 시즌9)

Andy: Yeah, tell me about it.
        그래, 두말하면 잔소리지.

• That's a shame.

슬픈 소식이나, 안좋은 얘기를 들었을 때 놀라면서 상대와 동조할 때 쓸 수 있는 표현이다. "어쩌냐, 안됐구나" 정도의 의미로 "I'm sorry." 와 비슷하게 사용한다.

Angela: What is it?
        뭐에요?

Racine: The Seawater Inn. My family used to eat dinner there twenty-five years ago. Now somebody's torched it to clear the lot.
        Seawater 여관. 우리 가족은 저기서 25년전에 저녁을 먹고는 했지. 지금 누군가가 그 지역을 치우려고 불을 질렀지.

Angela: That's a shame.
        안됐네요.

(영화 Body Heat)

진짜 좋지 않아요?

힌트	cool
영화 속 표현	**Is that so cool?**
또 다른 표현	**Is that really cool?** **Is that pretty cool?**

1. 뭐가요?

2. 인턴만 하고 나갈 거예요.

3. 완전 꿈의 직장이잖아요.

4. 완벽한 직장이지.

5. 그럼 그만 가 볼게요.

6. 저희 할머니께 인사 부탁드려요.

원어민 따라잡기

1 I'll make sure ~ 꼭 ~할게 / 반드시 ~할게

'I'와 함께 쓰이면 상대방한테 반드시 행동을 하겠다는 확인하고 다짐하는 의미가 된다. 뒤에 문장이 올 수도 있지만 동작만 쓰려면 'make sure to~'의 형태로 사용한다. 상대방이 해줬으면 하는 행동에 대해 말할 때는 'Make sure~'이라고 하고 강제성이 포함된다. 이럴 땐 'please'를 추가하여 부드러운 표현으로 바꿀 수도 있다.

> example

- **I'll make sure she gets them.**
  꼭 전해드릴게요. (I feel pretty 교재 p.46)
- **I'll make sure Marketing gets these papers.**
  마케팅 부에 잘 전달해드릴게요. (I feel pretty 교재 p.48)

2 They're trying to~ ~하려고 하다 / 노력하다 / 애쓰다

어떤 회사나 단체 같이 막연한 대상을 말할 때는 주로 they와 함께 쓰는데, 이 때 해석에서 굳이 명확하게 명시할 필요는 없다. 이 표현은 '~할 마음은 있지만 실천하지 못하고 있다'는 뜻과 '~하려고 노력하고 있다'라는 두 가지의 의미로 모두 사용될 수 있다.

> example

- **They're trying to find a new receptionist actually.**
  사실은 지금 새 안내직원을 뽑는 중이에요. (I feel pretty 교재 p.48)
- **We're just trying to start a line of accessible cosmetics at Target.**
  우리는 단지 할인점에서 쉽게 살 수 있는 화장품 라인을 시작하려는 거야. (I feel pretty 교재 p.52)
- **You're trying to make sense of this, and you can't.**
  이게 도대체 어찌된 일인지 이해하려 해도 이해가 안가겠지. (I feel pretty 교재 p.86)
- **I'm trying to segue into being a cameraman.**
  지금은 카메라맨이 되려고 하고있어요. (I feel pretty 교재 p.142)

3 We are in ~ (~ 상황/시기) 에 있다

이 표현은 물리적인 장소뿐 아니라 상황이나 시기에 속해있다는 것을 표현할 때도 사용할 수 있다. 특히 'in'은 장소, 월이나 년도 같은 시간, 상태나 상황, 활동 등 전반적인 영역에 걸쳐 사용할 수 있기 때문에 다양한 쓰임을 가진다.

> example

- **After a moment's silence and looking at Viv as if they are in agreement.**
  잠깐의 침묵 끝에 동의하는 것처럼 비비안을 쳐다본다. (I feel pretty 교재 p.32)
- **We are in our third quarter of our fiscal year.**
  우리는 3분기 결산을 맞이했습니다. (I feel pretty 교재 p.50)
- **I've been in three relationships.**
  세 명밖에 못 사귀어 봤어요. (I feel pretty 교재 p.182)

4 as you are all aware~ 모두 알고 있듯이

듣는 사람이 이미 알고 있는 화제를 꺼낼 때 사용하는 말로 격식을 차릴 때 사용한다. 좀 더 일상적인 표현으로는 'as you know'라는 것이 있다.

example

- **As you are all aware the research results have come in on our Diffusion Line.**
  모두 알고 있듯이 보급형 라인에 대한 리서치 결과가 막 나왔어요.   (I feel pretty 교재 p.50)
- **As you're all aware, we've been forced to make significant cutbacks.**
  모두 알고 있듯이, 우리는 상당한 감축을 해야합니다.   (from PhraseMIX)

5 Do you have to~ (꼭) ~해야 해?

규정 등을 몰라서 해야 하는 것에 대해 확인하거나, 하고 싶지 않은 일에 대해 귀찮음이나 불만을 표현하기 위한 질문이다. 'have to'는 'must'와 같은 의미를 가지지만 강제성이 좀 더 약하고 'must'와는 다르게 시제 표현을 할 수 있다는 특징이 있다.

example

- **Do you have to say Diffusion like that?**
  보급형을 그런 식으로 말해야 하니?   (I feel pretty 교재 p.50)
- **Do I have to wake up early tomorrow?**
  내일 꼭 일찍 일어나야 하나요?

receptionist(접수원, 접수 담당자)라는 직업은 국내에서 흔하지는 않다. 가장 익숙한 receptionist는 바로 Hotel receptionist로 호텔의 프론트데스크에서 예약과 숙박업무를 처리해주는 자리이다. 외국은 회사의 정문이나 입구에 있는 프론트데스크에 receptionist가 대기하고 있다. 회사의 문지기와 같은 역할로, 회사의 방문자들이나 택배 배달원 등 모든 방문객들을 상대한다. 또한 회사에 걸려오는 문의전화 등도 다룬다. 주로 security guard (경비원, 보안요원)들이 지키고 있는 회사도 있지만 법률회사나, 패션이나 미용관련 회사에서는 주로 예쁜 여성을 간판으로 내세우기도 한다. 고급 레스토랑에서도 예약업무를 진행하고, 식사 테이블과 담당 서비스 server를 배정해주는 사람이 있다. 외국의 식당에서는 국내처럼 스스로 자리를 찾아 앉으면 안되고 이런 접수원의 배정을 기다려야만 한다.

이 자리에 대한 인식은 그렇게 대단한 일이 아니라서 잠시 거쳐가는 일자리 정도로 생각하는 경향이 많은데, 르네는 자신의 자격에 훨씬 못미치는 자리일지라도 꿈의 직업이라고 생각하고 있다. 르네가 접수원이 되자 자신의 꿈을 이뤘다고 생각하기 때문에 정말 온 정성과 성심을 다해 일하는 모습을 보여준다. 그런 열정적인 모습에 주변 사람들도 처음에는 부정적인 시선으로 바라보지만 결국 회장에게 발탁되는 절호의 기회를 잡게된다.

다음은 일반 회사에서 receptionist를 뽑으면서 광고하는 요건이다.

POSITION QUALIFICATIONS

- **Excellent customer service skills**
  우수한 고객 서비스 기술
- **Fun, outgoing personality**
  재미있고, 사교적인 성격
- **Professional appearance**
  전문적인 외모

- **Honest and hardworking**
  성실하고 열심히 일하는 사람
- **Team player attitude**
  단체 작업을 잘하는 사람

RESPONSIBILITIES

- **Greets all customers in a warm, sincere, and helpful manner**
  따스하고 진심어린 도움을 주는 태도로 고객께 인사한다
- **Directs customers to the appropriate department or point-of-contact**
  적절한 부서나 찾는 분에게 직접 연결시켜 드린다.
- **Manages inbound phone inquiries and routes calls accordingly**
  외부 전화의 질문사항들을 잘 다루고, 적절하게 전화를 연결시킨다
- **Coordinates questions and issues with the appropriate department personnel**
  적절한 부서 직원들과 문제와 현안들에 대해서 조정한다.
- **Provides administrative assistance as needed**
  필요시에 필요한 보조역할을 제공한다.

백업하기

RENEE   Oh my God. She's right there.

_____
❶ 진짜 좋지 않아요?

SASHA   _____
❷ 뭐가요?

RENEE   You know being the receptionist here? Just being around it all?

SASHA   No, _____. They're trying to find a new
❸ 잠시 인턴으로 있는거에요.

receptionist actually.

RENEE   Shut up. Oh come on. _____.
❹ 꿈의 직장이잖아요.

SASHA   Umm. _____ Marketing gets these papers.
❺ 확실하게 잘 할게요.

RENEE   Okay. _____.
❻ 저는 나가볼게요.

Let's Match

1) 꼭 확인할게요. •

2) 뭐가요? •

3) 가 볼게요 •

4) 인사 하세요 •

5) 싸구려 •

6) 합리적인 가격 •

7) 어이가 없군(믿을 수가 없군) •

8) 그들이 옳을 지도 몰라 •

9) 알뜰한 소비자 •

10) 자신감이 가득찬 •

• A) thoughtfully priced

• B) Unbelievable

• C) I'll make sure ~

• D) What's that?

• E) bargain shopper

• F) full of confidence

• G) I'm gonna head out.

• H) say hello to~

• I) low end

• J) They may be right.

Happening **6**

Hook up with you

1 Storyboard

마트에서 쇼핑중에 싸이클링 장에서 만났던 미녀 말로
리를 만나서 대화를 나누게 된다. 너무 예쁜 미녀이기 때문에 낯선 남자가 바
로 작업을 걸어오는데, 르네를 직원인줄로 착각해서 화를 돋구고 있다. 그녀
는 남자를 거절하는 것도 능숙하고 친절하게 잘 해결하는 모습을 보여준다.
르네는 그녀에게 예쁜 여자로 살면 어떤지를 이것저것 묻는다.

② 피가되고 살이되는 문화팁

미국의 연말정산은 한국과 달리 개인적으로 직접 세금보고를 해야 한다. 한국은 국세청 홈페이지에 접속 하여 연말정산 간소화 서비스에서 서류를 한번에 인쇄하고 직장에 제출하거나 개인 자영업자는 개별적으로 제출하면 끝난다. 원천징수된 세금과 실제 납부한 세금 사이에 차이가 검토된 후에 개인적으로 환급되거나 추가 징수되어 직장인들에게는 13월의 월급이라고 일컬어진다. 그러나 미국은 직장인들도 직접 혼자 해야하기 때문에 개인 세무사무소를 찾아가서 200달러가 넘는 수수료를 지불하고 끝내던가 터보텍스(TurboTax)같은 세금납부 프로그램을 사서 컴퓨터에 설치하고 계산해서 제출한다. 한국은 1월 말까지가 보통 연말정산 보고 기간인데 미국은 4월 15일까지 이고 연장하면 6월까지 가능하다.

● **fiscal year**
정부가 회계상 또는 예산상 재무제표를 계산하는 데 사용하는 기간으로, 국가에 따라 그리고 대상에 따라 시작일이 달라서 한국은 1월 1일부터 12월 31일, 미국 연방정부는 10월 1일부터 다음해 9월 30일 까지인데, 미국의 각 주별로 다양하다. 이런 회계연도를 4개의 시점으로 나누어서 first quarter(1분기), second quarter(2분기), third quarter(3분기), fourth quarter(4분기)로 명하고 분기별(quarterly)로 계산한다.

● **low end**
가격이 싼, 저가라는 뜻으로 한 회사의 제품에서 저가 제품을 말하거나 저가 제품 판매를 위해 의도되었다는 의미이다.
ex) a low-end model, a low-end supermarket

● **squeezy dish-soap**
짜서 쓰는 주방세제(dish liquid)로 dish detergent, dish soap이라고도 한다. 외국은 식기세척기가 많이 보편화 되어 있다. 한국의 다양한 식기와 달리 접시 위주이다 보니 식기세척기 사용이 용이하다. 이 경우에는 식기세척기용 주방세

제인 dishwasher detergent(액체)나 dishwasher detergent tabs(고체정제)를 따로 구매해서 사용한다.

- **Target**

미국의 종합 유통업체로 가공식품부터 일용잡화, 옷, 가구, 전자제품, 약품까지 판매하고 대형점포로써 할인점에 생식품 분야를 접목한 하이퍼마켓(hypermarket) 형태의 대형할인점이다. 미국 내 여덟째의 유통업체라고 하는데, Walmart, Home Depot, TJ Max 등도 있다.

그럴 줄 알았어.

힌트	**know**
영화 속 표현	**I knew it.**
또 다른 표현	**I think so.** **That's the way to go.** **That figures.**

1. 그들이 맞을 수도 있어.

2. 지원해봤자 소용없을 거 같아.

3. 될 리가 없잖아.

4. 난 회사에서 찾는 얼굴이 아니니까.

5. 이따가 다시 전화할게.

6. 신경 써줘서 고마워요.

7. 길을 잃었어요. / (상점에서) 물건을 못 찾겠어요.

4 원어민 따라잡기

1 It seems that~ ~처럼 보인다

'it looks~'와 의미는 비슷하지만 시각적인 것뿐 아니라 어떠한 행위로 의미를 확장해서 사용할 때 'it seems~'로 표현한다. 또한 'it seems that~'은 더 단정적인 현상에 대해 말하며, 'it seems like~' 라고 하면 약간의 의문과 가정이 내포되어 있는데 현실성이 있는 일을 표현할 때 사용한다.

example

- **It seems that we have some work to do on our Diffusion...line.**
  보급형 라인에 좀 더 해야 할 일들이 있어요. (I feel pretty 교재 p.50)
- **It seems like I have all this experience.**
  제가 이런 경험이 많은 것처럼 보이겠죠. (I feel pretty 교재 p.182)
- **It seems like you're... standing right there.**
  지금… 일어 선 거 같은데. (I feel pretty 교재 p.264)

2 It says here that~ ~라고 쓰여있다

보통 이럴 때 it은 표지판이나 책 등에 있는 글귀를 말하며 무생물이 말을 한다라는 건 있을 수 없는 일 이기 때문에 '~라고 쓰여있다, 적혀있다'로 해석해야 한다.

example

- **It says here that 74% of core Diffusion demo respondents...strongly believe that we are...elitist pricks.**
  보급형 샘플 핵심 응답자의 74%가… 저희 브랜드를 재수없는 엘리트들이라고 굳게 믿고 있다고 쓰 여있습니다. (I feel pretty 교재 p.50)
- **What does it say?**
  뭐라고 써 있어?

3 as good as can be expected~ 생각하는 것만큼 좋다

특정 상황에서 생각할 수 있는 최고 상태까지 괜찮다는 의미로 사용된다. 'as ~ as'는 동등한 것을 비 교할 때 사용하며 'as well as can be expected'도 같은 의미로 쓸 수 있다.

example

- **The region is kinda as good as can be expected.**
  거기는 정말 아무렇지도 않아요. (I feel pretty 교재 p.54)
- **It went as good as can be expected.**
  생각하는 것만큼 좋았다.

4 I was (just) wondering if~ ~인지 궁금하다

실제로 궁금한 내용을 물을 때 사용하기도 하지만 상대방의 의향을 물을 때도 사용하는 표현으로 상대방에게 말하기 어렵거나 단도직입적으로 부탁하기 곤란할 때 사용한다. 'I am wondering if~' 처럼 현재형을 쓰게 되면 '지금 잠깐 궁금한 것'이라는 뉘앙스로 부담을 덜 주게 된다. 소개된 표현처럼 과거진행형으로 쓰면 더욱 가벼운 표현이 된다.

example

- **You're probably wondering why...I'm not asking the person that obviously works here.**
  옆에 직원 있는데 묻는 게 이상 하시겠지만… (I feel pretty 교재 p.56)
- **I was just wondering if you might have some dishes...**
  그래서 말인데 혹시 설거지 하실 게 있다면… (I feel pretty 교재 p.56)

5 That happens to 사람 ~에게 (어떤 일이) 일어나다

'happen'은 앞에서도 설명했듯이 누군가의 의도로 발생하는 상황이 아니라 갑자기 혹은 우연히 벌어지는 사건에 사용되는데 뒤에 사람이 나오면 '~에게 벌어지다'로 해석할 수 있다.

example

- **I'm sure that happens to you all the time too.**
  당신도 매번 겪는 일 같은데요. (I feel pretty 교재 p.58)
- **That has literally never happened to me in my life.**
  말 그대로 평생 한 번도 그런 일 없었어요. (I feel pretty 교재 p.58)

6 what it is ~ like ~이 어떤지

사람이나 사물의 상태나 상황에 대해 물어볼 때 'how~'와 같은 의미로 사용할 수 있는 표현이다. 어떤 것에 대해 경험한 것이 어땠는지 물어보거나 사물 혹은 사람에 대해 묘사할 때도 사용한다. 따라서 'is' 외에도 상태를 나타낼 수 있는 동사는 모두 가능하다.

example

- **I've always wondered what it feels like to be like just undeniably pretty.**
  누가 봐도 예쁘단 게 어떤 기분일 지 너무 궁금해. (I feel pretty 교재 p.60)
- **I know what it's like.**
  그 기분 어떨지 잘 알아요. (I feel pretty 교재 p.98)
- **We never gave a shit what you looked like.**
  네가 어떻게 생겼던 우린 신경 쓴 적 없어. (I feel pretty 교재 p.270)

5 시츄에이션 시뮬레이션

Mallory는 누가 봐도 날씬하고 예쁜 모델급 미인이다. 아무 장소에서나 남자들이 다가와서 말을 걸고 전화번호를 얻어내려고 난리라서 이런 일들에 익숙하고 이에 대한 대처도 멋지고 능수능란하다. 반면에 뚱뚱한 르네는 생전 이런 경험을 가져 본 적이 없어서 마냥 부럽기만 하다.

이렇게 남자들이 처음 보는 여자를 꼬시려고(?) 접근해서 말을 거는 행위를 pick up이라고 하고, 이럴 때 사용하는 표현을 pick up line이라고 한다. 대사 중에 나오는 hook up with는 일반적으로 사람을 만나서 재미있게 시간을 보낸다는 의미가 있지만 또한 성적으로 관계를 맺는다는 뜻도 있어서 상황을 잘 맞춰 사용해야 한다. Flirting은 남녀 사이에 추파를 던지거나 희희낙락거리는 모습을 말하므로 남녀 사이에 분명한 호감을 드러내는 의미이다.
Pick up line은 어느 정도 웃기고(hilarious) 느끼하고 저급해야(cheesy) 그 맛이 난다고 할 수 있다.

다음은 대표적인 pick up line이다.

1. **Are you a magician? Because whenever I look at you, everyone else disappears!**
   마법사세요? 왜냐면 내가 당신을 볼때마다 모든 사람들이 사라지거든요.

2. **I'm not a photographer, but I can picture me and you together.**
   저는 사진사가 아니에요. 그러나 나와 당신이 함께 있는 모습을 찍을 수 있어요.

3. **Do I know you? Cause you look a lot like my next girlfriend/boyfriend.**
   저를 아세요? 왜냐면 당신이 내 다음번 여친/남친처럼 보이거든요.

4. Do you know what my shirt is made of? Boyfriend/girlfriend material?

   내 셔츠가 무슨 감으로 만들어 졌는지 아세요? 남친/여친 감?

5. Are you religious? Because you're the answer to all my prayers.

   종교를 믿으시나요? 왜냐면 당신이 내 기도에 대한 답이거든요.

6. I seem to have lost my phone number. Can I have yours?

   내 전화번호를 잃어버린 것 같아요. 당신 것좀 받을 수 있을까요?

7. I'm lost. Can you give me directions to your heart?

   난 길을 잃었어요. 당신 마음으로 가는 방향을 알려줄 수 있나요?

8. I was wondering if you had an extra heart. Mine was just stolen.

   당신 혹시 예비 심장이 있나요? 내 심장이 방금 도난당했어요.

9. Is your dad a terrorist? Cause you're the bomb.

   당신 아버지가 테러리스트에요? 왜냐면 당신은 폭탄같아요.

10. There must be something wrong with my eyes, I can't take them off you.

    내 눈이 뭔가 잘못 되었나봐요, 당신에게서 눈을 뗄수가 없어요.

백업하기

RENEE	Hey...
CUTE GUY	I'm sorry. _____. Could you tell me

❶ 난 길을 잃었어요/전혀 모르겠어요.

where to find that squeezy dish-soap?

MALLORY	Ah...
CUTE GUY	Now you're probably wondering why...I'm not asking the person

that obviously works here.

RENEE	I don't work here...
CUTE GUY	But _____.

❷ 접시에 관해서는 정말 잘알거든요.내가 설거지는 정말 잘하거든요.

And so _____

❸ 그래서 제가 궁금한게 혹시 설거지 하실게 있다면…

RENEE	Oh my gosh, I'm so sorry I forgot it's in aisle 10.
CUTE GUY	Hey, _____ sir. I was thinking, you could give me

❹ 우리 괜찮으니 방해마세요.

your number...

MALLORY	I'm so sorry, _____. It's nice to meet you. So...

❺ 내 번호를 돌리지 않아요.

CUTE GUY	It's nice to meet you.
MALLORY	_____

❻ 접시랑 모든 일 다 잘되세요.

CUTE GUY	Thank you.
RENEE	Does that kind of stuff happen all the time?
MALLORY	What? Him?

❻ Good luck with the dishes and everything else.
❺ I don't give out my number.
❹ we're good
❸ I was just wondering if you might have some dishes…
❷ I've gotten really good at dishes.
영어 표현 ❶ I'm so lost.

Let's Match

1) 소용없다 •
2) 난 될리가 없어 •
3) 그들이 찾고 있는 •
4) 다시 전화할게 •
5) 예상만큼 좋아요 •
6) 피났어요? •
7) 항상 일어나다 •
8) 작업걸다, 꼬시다 •
9) 난 항상 궁금했어 •
10) 그건 어떤 기분일지 •

• A) happen all the time
• B) hook up with
• C) I've always wondered
• D) Can I call you back.
• E) as good as can be expected
• F) Was there blood?
• G) what it feels like
• H) I don't see a point
• I) I have no shot.
• J) They're looking for

Happening **7**

I wish I was beautiful

1 Storyboard

유명한 영화 *Big*을 보면서 르네도 폭 **빠져서** 주인공과 공감하고 있다. 영화 Big에서 남자 주인공은 마법의 장치에 소원을 빌고 어른이 되고 싶어하고, 다음 날 아침에 성인 남성이 되어 소원을 이룬다. 르네도 이 영화를 보며 소원을 이루고 싶은 욕망이 든다. 비가 오고 날씨가 궂은데도 뛰쳐나가 소원 분수에 도착한다. 분수에 동전을 던져 넣으면 소원을 이루어준다는 전설은 익히 많이 들어 흔한 이야기다. 분수에 동전을 넣으면서 미친 짓인 줄 알면서도 르네는 예쁘게 해달라고 소원을 빌어본다.

다음 날 싸이클링 체육관에 간 르네는 인스트럭터의 격려가 다르게 들려온다고 느낀다. 싸이클링을 하고 있는 많은 사람들의 흥을 돋우고 분위기를 고조시키는 인스트럭터의 말 한마디 한마디에 진짜 파워업 되는 것을 느끼며 미친 듯이 타게 된다. 그러다 르네의 자전거가 고장 나면서 르네는 머리를 심하게 부딪히고 기절해버린다.

2 피가되고 살이되는 문화팁

미국의 TV 시청 문화는 어마어마하게 큰 규모라고 볼 수 있다. 다채널 방송인 케이블 TV, 위성TV, 인터넷 TV 등이 보편화 되어 있어서 전체 가구의 80% 이상이 이용하고 있다고 하고 이와 관련된 업체도 천개가 넘는다고 한다. 하지만 이제 OTT서비스(Over-the top)를 통해 인터넷을 통한 방송 프로그램이나 영화 등의 동영상전달이 원활해 지게 되어 폭발적인 성장을 보이기 때문에 다른 TV서비스들이 대폭 위축 되고 있는 상황이다. 넷플릭스(Netflix)나 유튜브(Youtube), 훌루(Hulu), 아마존(Amazon) 등이 바로 OTT서비스의 대표이다. 이렇듯 다채널 방송이 공급되면서, 영화와 TV드라마 분야는 현재 상영중인 작품들 외에도 과거의 작품들을 지속적으로 접할 수 있는 접근성이 커지고 옛날 영화, 옛날 TV드라마를 재방송(rerun)으로 반복하고 좋은 대사나 스토리 등이 공통적으로 공유될 수 있는 문화가 만들어졌다. 그러다 보니 개인적으로 좋아하는 영화나 TV쇼를 반복해서 보는 문화에 익숙하고 명대사 같은 것들을 암기하는 것은 일상적이 되었다. 많은 사람들이 자신의 좋아하는 영화의 명대사 한 두 개쯤은 바로 말할 수 있을 정도이다. 영화대사뿐만 아니라 명저서나 고전에서도 좋은 문장들을 암기해 놓는 좋은 문화적 관습은 배울 만 하다.

영화의 명대사들은 다양한 광고나 정치적 목적으로도 활용된다. 2015년 민주당(Democratic party) 대선후보 TV토론회에서 힐러리 클링턴은 연설 후에 마무리(closing statement) 멘트로 "May the Force be with you(Force가 당신과 함께 하기를)"라는 표현을 썼고, 그 훨씬 이전에 79년 5월 4일 영국 대처 수상의 취임 날에도 이 멘트가 사용되었다. 다음은 유명한 헐리우드의 명대사(the best movie quotes)들 중에서 다양한 미디어 등에서 자주 인용 되는 표현들이다.

- Love means never having to say I'm sorry. - *Love Story*

  사랑은 결코 미안하다고 말하지 않는 거야.

- May the Force be with you - *Star Wars*

  Force가 당신과 함께 하기를.

- You make me want to be a better man. - *As Good as It Gets*

  당신은 더 나은 남자가 되고 싶게 만들어요.

- I don't want to survive. I want to live. - *12 Years a Slave*

  생존하고 싶지않아요. 인생을 살고 싶어요.

- After all, tomorrow is another day! - *Gone With the Wind*

  결국, 내일은 또다른 하루가 시작될 거에요. (내일은 내일의 해가 뜬다.)

- Keep your friends close, but your enemies closer. - *The Godfather, Part II*

  친구는 가까이 두고, 적은 더 가까이 두어라.

- There's no place like home. - *The Wizard of Oz*

  집같은 곳은 없지. (집이 최고다.)

- I am your father. - *Star Wars Episode V*

  내가 너의 아버지이다.

아름다워지는게 소원이에요!

힌트	I wish ~
영화 속 표현	I wish I was beautiful!
또 다른 표현	I want to be beautiful. It would be great if I were beautiful.

1. 반다나도 하나 그냥 드릴게요.

2. 이러실 거 없어요.

3. 정말 고마워요. / 너무 과해요.

4. 뭐라고 해야할지 모르겠네요.

5. 내 배 좀 만져봐요!

원어민 따라잡기

1 What I do know is that ~ 내가 아는 거라곤 ~다

말하고자 하는 내용을 전반적으로 강조하는 표현으로 일차적으로 'what I do know'라는 문장에서 알고 있다라는 사실을 강조한다. 'all I do know is that~'나 'the only thing I do know is that~'도 이와 비슷한 의미로 말하고자 하는 것을 강조하는 표현이 된다.

example

- **But what I do know is that the miracle is already here.**
  제가 아는 건 기적은 이미 이 곳에 있다는 겁니다. (I feel pretty 교재 p.74)
- **The only thing I know, is that I know nothing.**
  내가 아는 유일한 것은 내가 알고 있는 건 아무것도 없다는 사실이다. (Greek philosopher Plato)

2 on the way down 도중에

정확히는 'on the way'가 '도중에'라는 뜻을 가지는 데 물리적으로 이동하고 있는 길뿐만 아니라 그 상황에서 하고 있는 행동까지를 의미에 포함한다. 방향성을 나타내는 전치사나 부사가 뒤따를 수 있다. 'on one's way'로 더 많이 사용된다.

example

- **You hit your head really hard on the way down.**
  넘어지면서 머리를 세게 부딪혔어요. (I feel pretty 교재 p.76)
- **But regular girls put their blush on in the rear view, on the way to their crappy jobs.**
  하지만 평범한 여자들은 별 볼일 없는 직장에 출근하면서 차 안에서 거울을 보며 블러셔를 발라요. (I feel pretty 교재 p.126)

3 it would ~ (가정의 상황에 대해) ~이었을 것이다

막연한 상황을 나타내는 'it'과 'would'가 함께 쓰이면 '어떤 상황에 대해 ~할거다'라는 의미로 가정이나 상상을 나타낸다. 단지 그 상황에 대해 벌어질 일을 가정하는 것이기 때문에 의지의 표현으로 착각하지 않도록 주의해야 한다. 주어를 구체적인 것으로 바꾸게 되면 구체적 상황에 대한 가정이 된다.

example

- **I never thought it would really happen!**
  진짜 이루어질 거라곤 생각 안했는데! (I feel pretty 교재 p.80)
- **This would be fun banter.**
  재밌는 잡담이었을 텐데. (I feel pretty 교재 p.290)

4 so lucky, that ~ ~하다니 운이 좋다/복 받았다

이 표현에서는 that 뒤에 원인을 주로 쓰기 때문에 다음과 같이 해석이 된다. that 뒤에는 문장이 와야 하지만 동작만 표현하고 싶다면 to-V를 사용하면 된다. 직역을 하면 '운이 좋다'지만 상황에 따라서 '복 받았다/다행이다'로 해석할 수 있다. 상대방에게 운이 좋다고 덕담하는 것으로 구체적으로 어떤 것 때문에 운이 좋은지 콕 집어서 말할 수 있다.

example

- **Aren't girls like us so lucky, that we can shop like anywhere and still look fly as hell.**
  아무데서 사 입어도 다 잘어울리니 우리 같은 예쁜 여자들은 진짜 복 받은 거 아니에요?

  (I feel pretty 교재 p.80)

- **He's lucky that he wasn't fired.**
  짤리지 않았다니 다행이야.   (from Cambridge Dictionary)

- **They're lucky to have such a nice office to work in.**
  이렇게 멋진 사무실에서 일하다니 운도 좋아.   (from Cambridge Dictionary)

5 **recognize** 알아차리다

'알아차리다'라는 뜻을 가진 단어는 많지만 단어마다 미묘한 뉘앙스 차이가 있다. 이 표현에 있는 'recognize'는 조금 집중해서 무언가를 알아볼 때 사용하며, 'notice'는 같은 뜻을 가지고 있지만 크게 집중하지 않은 상태에서 의식하게 되는 것을 말한다.

example

- **You don't recognize me?**
  나 못 알아보겠지?   (I feel pretty 교재 p.82)

- **There's not way he's going to recognize me.**
  어차피 알아보지도 못할 텐데.   (I feel pretty 교재 p.272)

5 시츄에이션 시뮬레이션

미국에서는 잘못된 식습관과 건강에 나쁜 음식으로 인해 비만이 국가의 큰 문제가 되고 있다. 올바른 식습관과 운동에 대한 관심이 대도시를 중심으로 커지고 있

으며, 이에 대한 유행은 끊임없이 변모하고 있고, 이 중심에는 인기있는 셀럽(celebrity)들의 영향이 크다. 최근에는 콤부차(Kombucha)를 마시고 있는 유명인들의 사진이 여러 미디어를 통해 더욱 인기있다.

하와이식 회덮밥인 포케(Poke) 가 미국 서부지역을 중심으로 인기를 끌었는데, 깍둑썰기된 생선회에 각종 야채와 소스를 섞어 비빔밥처럼 먹는 한그릇 음식으로 미국식으로 약간 변형되었다.

한때 차콜푸드(charcoal food)가 인기를 끌어서 뉴욕을 중심으로 블랙 아이스크림, 블랙 와플, 블랙 햄버거까지 건강식품으로 여겨졌다가 검은색을 내는 성분만 첨가하고 식품안전성이 검증되지 않아 금지되었다.

이렇게 음식처럼 운동도 크게 유행을 따라가는 경우가 많아서, 요가가 유행할 때가 있고 스피닝, 필라테스 등이 유행하기도 한다. 운동을 생활의 일부로 생각하고 건강에 대한 관심이 더욱 높아지는 현상은 전 세계 공통이라고 볼 수 있다.

다음은 헬스장(Gym)에서 많이 사용되는 표현들로 운동에 관해서 말할 때 유익하니 익혀보자.

- Six months ago, I was out of shape. Now I'm in great shape!
  6개월 전에 몸이 엉망이었는데 지금은 몸이 아주 좋아.

- I have put lots of weight on recently, I need to go to the gym and get in shape!
  최근에 살이 많이 쪘는데, 헬스장 다녀서 몸을 좀 만들어야겠어.

- I want to get in shape before the summer!
  여름이 오기전에 몸을 예쁘게 만들고 싶어.

- I like to listen to English podcasts while working out.
  운동을 하는 동안 영어 팟캐스트를 듣는게 좋아.

- Stretching helps reduce exercise-related injuries.
  스트레칭은 운동하면서 생기는 부상을 줄이는데 도움이 된다.

- I did 50 push-ups yesterday, and now my arms are sore.
  어제 팔굽혀펴기 50개 했더니 지금 팔이 아파.

- I wish my arms weren't so flabby.
  팔 살이 출렁거리지 않았으면 좋겠어.

- My sister has perfectly toned arms.
  우리 언니는 팔 근육이 완전 탄탄해.

- I try to do 50 sit-ups right after I wake up.
  일어난 직후에 윗몸일으키기 50개씩 하려고해.

- My cousin lost a lot of weight, and now he even has a six-pack!
  우리 사촌은 살이 엄청 빠져서 심지어 지금 식스팩이 있어.

(참조. https://www.espressoenglish.net/english-expressions-about-exercise/)

6 백업하기

LUNA What's up Soho, I'm Luna! Are you ready! Alright, y'all...

---
❶ 오늘 무슨일로 여러분들이 여길 왔는지는 몰라요.

But _____ You just have
❷ 제가 아는 것은 기적이 이미 여기 있다는 거에요.

to open your heart and receive it. I want you to look in the mirror....

and _____
❸ 이곳에 와서 당신이 얻고자 하는 변화를 상상속에 그려보세요.

Is it spiritual? Is it physical? Is it emotional? Today I want you to... look in the mirror... you're not going to see what you normally see. Today you're going to see...

_____ So you ready to get your life!
❹ 여러분이 항상 되기를 원했던 모습을.

Soho,are you ready to get your life! Are you ready to get your life! Get your life! Change your body! Change your life!

Let's Match

1) 소원이 성취되었어요   •

2) 이건 미친짓이야   •

3) 안녕하세요!   •

4) 제가 아는 것은~   •

5) 마음을 열다   •

6) 거울을 들여다보다   •

7) 당신이 항상 되고 싶었던 것   •

8) 여기 아이스팩이요   •

9) 반다나 공짜 선물있어요   •

10) 그럴 필요 없는데요   •

• A) What's up!

• B) What you've always wanted to be

• C) Here's an icepack.

• D) We have a complimentary bandana.

• E) You didn't have to do that.

• F) look in the mirror

• G) Your wish is granted.

• H) This is crazy!

• I) What I do know is that~

• J) open your heart

Happening **8**

Super toned

1 Storyboard

기절했던 르네는 눈을 뜨게 되고 헬스장 직원은 걱정스럽게 쳐다보며 어떻게 처리해야 할지 안절부절이다. 이런 장소에서 고객에게 사고가 생겼을 때에 처리를 잘 못했다가는 고소를 당할 수도 있다. 그리고 르네가 넘어진 사고가 기계의 잘못이라면 스피닝 지점의 잘못이 되므로 배상해야 한다. 그러니 르네의 반응이 중요해서 눈치만 보고 있다. 한편 정신을 차린 르네는 자신이 예뻐졌다는 착각에 빠지는데 그게 마법의 힘으로 진짜 이루어진 것인지 르네가 머리를 다쳐서 아파서 생긴 착각인지 알 수가 없다. 그러나 헬스장 직원의 표정을 보니 르네가 예뻐보이지는 않는 것 같은데, 자신이 완전히 예뻐지는 마법에 걸린 것처럼 르네는 행복감에 빠져있다.

2 피가되고 살이되는 문화팁

생활속에서 사람이 걸리는 많은 질환과 질병이 있고, 이런 단어들은 그리스어나 라틴어의 기원으로 인해 철자나 발음이 상당히 어려운 편이다. 그러나 질병에 관련된 단어들은 생활표현으로 봐야할 정도로 우리의 일상생활에 밀접하게 관련되어 있다. 아플 때 여러가지 증상을 말하는 표현들은 꼭 알아놔야 한다.

• **HPV** 인간유두종바이러스로 면역력이 떨어질때 눈, 입술과 성기 주변에 생기는 피부감염증. 접촉으로 인해 전파될 수 있고, 걸린지도 모를 수 있어서 조심해야 하는 병이고 여성에게는 자궁경부암을 유발할 수 있어서 조심해야 하는 질환.

• **pink eye** 결막염(conjunctivitis)같이 눈병을 말하기도 하고, 증상으로써 충혈된 눈(bloodshot eyes)을 말할때 쓰는 단어.

- **diarrhea / have diarrhea** 설사
- **vomiting, throwing up** 구토
- **constipation / I'm constipated.** 변비
- **sickness, nausea / have nausea** 미식거림
- **diziness, giddiness / feel dizzy** 어지러움
- **period, period time, cramps / I have severe cramps during my period.** 생리통
- **a high fever, a high temperature / have a high fever** 고열
- **migraine / suffer from(have) severe migraine** 편두통
- **phlegm / spit out phlegm** 가래
- **ear wax / pick(clean) one's ears** 귀지
- **booger / pick one's nose** 코딱지
- **sleep / take the sleep out of one's eyes** 눈꼽

- burp, belch / hold back a burp 트림
- hiccup / I keep hiccupping 딸꾹질
- upset stomach. 체함, 배탈, 소화불량
- Why does my stomach get upset after I eat?
- Why does my stomach hurt after I eat?

진단받아서 장기간 동안 고생하고 있는 만성적인 질병(chronic diseases)이나 금 방 회복될 단기간의 유행성 병(acute diseases, infectious diseases)에 대해서 말할 때 'I'm suffering from'이나 'I have~'를 쓸 수 있다.
- My grandfather suffers from heart disease.
- I have a flu.

일반적으로 몸이 안 좋거나 건강 상태가 안 좋을 때 illness나 sickness를 써서 표 현할 수 있다.
- I have missed a lot of classes recently because of illness.
  최근에 아파서 수업을 많이 빠졌어.
- I have to leave the meeting early, because I was taken ill.
  아팠기 때문에 회의를 일찍 나와야 했어.
- I won't be coming into work today. I'm feeling sick.
  오늘 일하러 못 갈 거야. 몸이 안 좋아.
- I took the day off sick yesterday, because I wasn't feeling well.
  몸이 안 좋아서 오늘 병가 냈어.
- I phoned in sick to let my boss know I wouldn't be coming in.
  아파서 출근 못한다고 상사에게 전화로 알렸어.
- I have a stomach bug. I've been throwing up all day!
  난 장염에 걸렸어. 하루종일 토했어!

왜 저래? / 무슨 일이야?

	힌트	**what's~**
	영화 속 표현	**What's happening?**
	또 다른 표현	**What's with (someone)?** **What's going on?**

1. 이걸 누가 알겠어?

2. 너희들이 발을 뺐잖아.

3. 삐지지 마.

4. 나만 알만한 게 뭐가 있을까?

5. 요점은 이게 바로 나라는 거야!

4 원어민 따라잡기

1 **Don't even ~** ~도 하지마

구어체에서 'don't even~'이라고 쓰이면 말하려는 것에 대해 생각이나 의도조차 없다고 강조하는 표현이 된다. 명령문으로 쓰이면 그럴 의도도 갖지 말라는 강력한 의미를 내포한다.

> **example**
>
> • **Don't even make the noise you just made.**
> 그런 소리도 내지마.   (I feel pretty 교재 p.84)
> • **Don't even think about it.**
> 생각도 하지마.   (미드 The Office)

2 **There's no way ~** ~할 방법이 없다 / ~할 리가 없다

뾰족한 방법이 없어서 막막한 상황일 때 쓰는 표현으로 강한 의구심을 표현한다. 가끔 반어적으로 최선의 방법이 있다는 것을 강조할 때 사용하기도 한다. 비슷한 표현으로 'There's no chance~' 'There's no possibility ~'을 쓸 수 있다.

> **example**
>
> • **There's no way I would know.**
> 내가 알 수가 없지.   (I feel pretty 교재 p.84)
> • **There's no way that it's not going there.**
> 이뤄지지 않을 리가 없어   (노래 There's no way)

3 **unless~** ~이 아니라면 / ~라면 모를까

'if ~ not'과 같은 의미를 지닌 표현이지만 실생활에서 더 자주 사용되는 표현이다. 하지만 'not' 없이 부정의 의미를 가져서 막상 활용을 하려고 하면 헷갈리기 때문에 '~라면 모를까'라고 기억하는 편이 쉽게 응용하는 데 도움을 줄 것이다.

> **example**
>
> • **How would I know that, unless I was Renee.**
> 내가 르네가 아니라면 네 취향을 어떻게 알까.   (I feel pretty 교재 p.88)
> • **Unless that's what...you guys think I should do.**
> 혹시 너네가 가라고 한다면 모를까…   (I feel pretty 교재 p.214)

4 **wear** (옷/모자/장갑/신발/장신구 등을) 입고[쓰고/끼고/신고/착용하고] 있다.

우리말은 안경/모자를 '쓰다', 신발을 '신다', 옷을 '입다', 시계/팔찌를 '차다', 렌즈/반지를 '끼다', 목걸이/귀걸이를 '걸다' 등으로 몸에 무언가를 걸칠 때 사용하는 다양한 표현이 있지만 영어로는 'wear'과 'put on'으로만 표현한다. 'put on'은 착용할 때의 동작을 나타내는 데 초점이 있는 반면 'wear'은 착용하고 있는 상태에 초점을 두고 있다.

- **Renee is putting on her shoes.**
  르네는 신발을 신고 있다. (I feel pretty 교재 p.14)
- **I'm wearing bathing suit bottoms....because I have no clean undies.**
  빨아 놓은 팬티가 없어서 수영복 입고 왔다구요. (I feel pretty 교재 p.44)
- **I don't wear contacts. I don't wear glasses.**
  나 렌즈 안 껴. 안경도 안 쓰잖아. (I feel pretty 교재 p.86)
- **Didn't I ask you guys to wear heels?**
  내가 힐 신으라고 하지 않았어? (I feel pretty 교재 p.212)

5 I'm just -ing / I was just -ing 나 그냥 ~하고 있어.

동작에 초점을 두어 의미를 전달하는 표현으로 'just'를 사용하여 자신이 한 행동이 대수롭지 않다는 느낌을 주려고 할 때 사용한다.

example

- **I was just taking a swing and yeah it was a miss.**
  그냥 한 번 찔러 봤어, 근데 틀렸네. (I feel pretty 교재 p.86)
- **I'm just asking what the number is.**
  그냥 번호가 뭐냐고 물어본 거예요. (I feel pretty 교재 p.96)

6 make sense of~ ~을 이해하다

분명하고 쉽게 이해한다는 의미를 가지고 있는 'make sense of~'는 'understand' 나 'get it'과 동의어이다. 하지만 이해를 하는 사람에 초점을 두고 있는 두 단어와 다르게 'make sense' 는 이해를 할 만한 상황이라는 것에 초점을 두고 있다. 예를들어, 'Do you understand that?'이라고 묻는다면 이해를 하거나 못하는 것이 사람에게 달려있지만 'Do you make sense of that?' 이라고 묻는다면 이해를 하거나 못하는 것이 벌어지는 상황 혹은 주어진 설명에 달렸다는 의미가 된다.

example

- **You're trying to make sense of this.**
  이 상황을 이해하려고 하는거지. (I feel pretty 교재 p.86)
- **We cannot make sense of this.**
  이해가 안돼. (I feel pretty 교재 p.86)
- **It makes sense.**
  그거 말 되네/이해가 되네.

5 시츄에이션 시뮬레이션

대중문화(Pop culture)는 미디어가 발달된 현대 사회에서 공통적으로 형성된 문화지식으로 이에 대해 모르면 대화에 끼기도 힘들다. 공동체 사회에서 구성원들 간에 공유된 최근의 사건과 관심에 관한 것이기 때문에 더욱 중요하다. 물론 이런 잡식을 모르고 있다고 도태되는 것은 아니지만, 아무래도 문화적 공감대를 형성하는 것은 대화에 중요하다.

Kim Kardashian은 미국에서 억만장자 사업가이기도 하고, 항상 인스타그램 등의 미디어를 통해 이슈를 만들어나가는 엄청나게 핫한 셀럽이다. 유명하게 된 출발은 가족에 관련된 리얼리티 쇼를 통해서인데 이 집안의 모든 가족이 가십 덩어리이고 현재까지도 끊이지 않는 가십을 만들어 내고 있어서, 이 가족을 모르면 미국인이 아니라고 해도 과언이 아닐 정도이다. 르네가 "I'm a Kardashian. One of the Jenner ones."라고 말하는데, 대중문화에 대해서 모르고 있다면, 리스닝

은 잘 했더라도 내용을 전혀 이해할 수 없을 것이다.

이 가족의 얘기는 "Keeping up with the Kardashians"라는 패밀리 리얼리티 쇼를 통해 2007년부터 알려졌고 18년에는 시즌 15가 시작되었다.

유명한 변호사였던 로버트 카다시안은 아내인 크리스(Chris)와 이혼하게 되었고, 외모와 매력이 출중했던 크리스는 코트니(Kourtney), 킴, 클로이(Kloe), 로버트(Robert)의 4 자녀와 함께 미국의 전 올림픽 육상선수 금메달리스트인 브루스 제너(Bruce Jenner)와 재혼을 하게 된다. 재혼을 통해 캔달(Kendal), 카일리

(Kylie) 두 딸을 낳게 된다. 즉 남매의 성이 4명과 2명이 다르다. 막내가 11살 정도 일 때부터 리얼리티 쇼를 통해 가족의 개인 생활이 공개되고 있었으니 모두가 연예인급으로 관심을 받아왔고, 그들의 성장을 많은 미국인들이 지켜봤다. 이 중에 캔달 제너는 현재 가장 핫한 모델로 런웨이를 누비고 있고 외모와 몸매가 제일 월등하다고 할 수 있다. 게다가 올림픽 금메달리스트였던 새 아빠 브루스는 쇼를 찍고 있는 중에 엄마와 관계가 소원해지면서 별거를 시작했는데 얼마 지나지 않아 성전환을 하겠다고 해서 세상을 놀라게 했다.

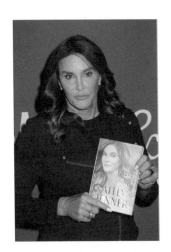

르네가 언급한 킴 카다시안이 이 쇼를 더 유명하게 만들었고 DASH라는 의류브랜드, 향수 브랜드, 아동복 브랜드의 성공을 가져와서 억만장자 가족으로 만드는데

일조하게 되었다. 연예인이 되고 싶어했고 농구선수, 가수 등 유명인과 연애하던 킴은 사귀던 가수와의 동영상이 유포되었고 소송을 걸어 거액을 보상받으면서 활동이 더욱 활발해져서 유명인사가 되었다. 현재는 유명 랩퍼 Kenya West와 결혼해서 아이가 여럿이고 여러 가지 사업으로 부를 번창하고 있다. 국내 같으면 막장 드라마에서도 볼 수 없을 정도의 가족이지만 아직도 유명세는 그치지 않고 있다.

백업하기

TASHA   Hey. You hit your head really hard on the way down.

RENEE   Sorry. Oh God...

TASHA   Here's an icepack.

RENEE   Oh God, thank you.

TASHA   And some water. And _____
                                           ❶ 공짜 반다나도 있어요.

RENEE   _____   _____ This
         ❷ 그러실 필요 없었는데요.   ❸ 이건 좀 과한데요.

        is huge...

TASHA   Did something happen to your arm? _____
                                                      ❹ 의사를 부를까요?

TASHA   Are your legs okay?

RENEE   No! They're not okay. They're amazing.

        _____
                ❺ 나 완전히 탄탄해 보이지 않아요?

TASHA   Ahh, I don't know how to answer that.

RENEE   Oh my God, _____ Rock hard, right?
                          ❻ 내 배를 만져봐요.

TASHA   Feels full.

RENEE   It's a rock.

TASHA   Unhuh

RENEE   Wait... Wait. Wait, no. Wait. Wait. That's me?

TASHA   Yeah.

RENEE   No. What? Oh my God, do you see this?

TASHA   Yes?

RENEE   Look at me! Look at my jaw line! No, no, I always wanted this to happen...you dream this will happen. But I never thought it would really happen! I mean, look at me! Look at my boobs! Look at my ass! I'm... beautiful!

TASHA   Alright, if you're good. I'm going to take this back and go to the front.

---

❼ 소송만 안하신다면요.

❹ Should I call a doctor?

❸ This is too much.

❼ As long as you don't sue.

❷ You didn't have to do that.

❻ feel my abs!

❺ Do I look super toned to you?

용어 표현 ❶ we have a complimentary bandana.

Happening 9

Still me

1 Storyboard

자신이 마법에 걸려 예뻐졌다고 생각하는 르네

는 아무도 자신을 알아보는 사람이 없다고 생각한다. 친구들이 자신을 알아보지 못할 까봐 걱정이다. 친구들과 정해진 약속장소에 가서 자신이 르네라는 것을 증명하려고 안간힘을 쓰고 있다. 친구들과 르네만이 알고 있는 과거 사실들을 말하며 친구들이 놀라지 않도록 애를 쓰는데 친구들은 르네가 왜 그러는지 알 수가 없다.

세탁소에서 줄을 서있던 르네는 뒤에서 줄을 서있는 이든의 단순한 질문을 오해한다. 번호표로 순번을 기다리는 세탁소의 시스템에서 번호를 질문했다가 르네는 그런식으로 자신의 전화번호를 따려 한다고 솔직하게 대화를 시도한다. 이든은 황당해 하지만 르네는 거침이 없다. 주변에서 일어나는 상황들은 의미가 없는 일들인데도, 예뻐진 자신의 모습 때문이라고 착각을 하는 것이다. 예쁜 여자들에게는 이런 일이 생긴다는 자신의 선입견을 그대로 자신에게 적용하고 있다.

2 피가되고 살이되는 문화팁

● **Mojito** '모히또에서 마이애미 한 잔' 이라는 재미있는 표현이 한때 유행이었다. 음식 문화도 대중문화 의 한 부분이 되어서 모르면 손해이 다. 모히또(Mojito)는 쿠바의 전통 음료로 럼 술에 민트, 라임, 얼음을 넣어서 만든 칵테일인데 맛도 그렇 지만 시각적으로도 예쁜 청량감을 준다. 마법의 부적이라는 의미의 스페인어 Mojo에서 유래된 단어로 미국의 소설 가 헤밍웨이가 즐겨 마셨다고 해서 더욱 유명해 졌다고 한다. 쿠바의 전통음료가 지구 반대편 한국에서 인용되고 즐겨 음용 되고 있는 것을 보면 세상은 이제 공통 된 대중문화를 공유하고 있다고 보여진다. 한국의 막걸리도 점점 대중화되고 세 계화되고 있는 시점이니 음식에 대한 세계 지식도 부지런히 익혀야겠다.

● **nugget** 작고 동그란 모양이지만 울퉁불퉁한 덩 어리를 말한다. 치킨 브랜드에서 제품으로 출시하 면서 고유의 음식 이름처럼 자리를 잡아서 치킨 너 겟은 이제 누구나 아는 음식이다.
미국 라스베가스

에는 Golden nugget이라는 대형 호텔이 있는데, 이 호텔에는 사람 머리보다 큰 세계에서 가장 큰 대형 금덩어리(The Hand of Faith Nugget)가 있 어서 상시 전시되고 있다.

이 영화에서는 음식이름이 아닌 사람이 말하거나 썼던 것으로 유용하거나 좋은 생각(something that a person has said or written that is very true or very wise)의 의미로 사용되었다.

● Sangria 스페인과 포르투갈의 일종의 칵테일 음료로 적포도주에 레몬, 오렌지, 사과, 라임, 파인애플, 베리 등의 과일과 쥬스, 브랜디, 감미료 등을 넣어 만든 것이다.

● tequila 멕시코의 술로 40~52%의 농도이고 선인장의 일종인 블루 용설란(agave azul)을 이용해서 만들고 다른 원료를 보충해서 만들기도 하기 때문에 100% 블루 용설란으로 만든 데킬라는 비싸다고 한다. 마시는 법이 특이한데, 잔의 입이 닿는 동그란 부분인 주둥이를 슬라이스한 레몬에 찍은 다음 소금을 뿌린 접시에 다시 찍어서 소금이 동그랗게 묻게 만든다. 그다음 데킬라를 따르고 한입에 원샷하고 나서 잔에 묻은 소금을 핥는다. 혹은 손등에 소금을 올려놓고 핥아먹기도 하고, 그리고나서 라임(lime) 조각을 빨아 먹기 때문에 "lick-sip-suck" 혹은 "lick-shoot-suck"이라고도 한다. 그래서 소금과 라임이 항상 같이 데킬라와 서빙된다.

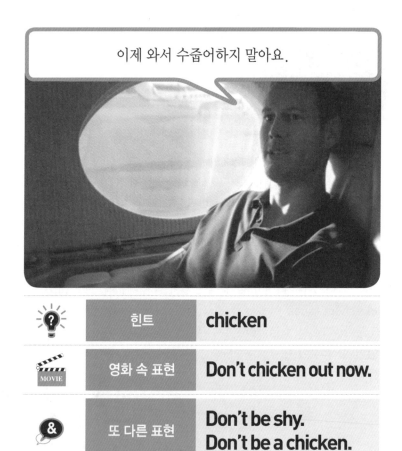

이제 와서 수줍어하지 말아요.

힌트	**chicken**
영화 속 표현	**Don't chicken out now.**
또 다른 표현	**Don't be shy.** **Don't be a chicken.**

1. 너 운동 중이잖아.

2. 그래 부탁해.

3. 미안한데 또 출근 못할 것 같아요.

4. 제가 요즘 엄청 바빠요.

5. 이건 다 내 책임이야.

영어 표현

1. You are working out.
2. I could use one.
3. I'm sorry I can't make it again.
4. I'm pretty slammed right now.
5. I take full responsibility for this.

원어민 따라잡기

1 How long have you been -ing~?
언제부터 ~하고 있었나요? / 얼마나 오래 ~하고 있었나?

기간을 묻는 대표적인 표현으로 〈have been + ing〉 패턴을 사용하여 과거부터 지금까지 어떤 동작이나 상태가 계속 이어지고 있다는 것을 강조한다. 더 나아가 앞으로도 계속 이 상태나 동작이 유지될 것을 의미한다.

> example

- **How long have you been hanging onto that little nugget?**
  언제부터 이렇게 번호따고 다녔어요? *(I feel pretty 교재 p.98)*
- **How long has this been goin' on?**
  얼마나 오랫동안 이래왔던 거야? *(노래 How long)*

2 Level the playing field. 공평한 상황

'level'이라는 단어가 '평평한'이라는 뜻을 가지고 있기 때문에 공정한 게임을 하기 위해선 평평한 운동장 위에서 경기를 해야한다는 의미이다. 경쟁의 조건이 공정해야 한다는 것을 비유적으로 나타내는 표현이다.

> example

- **Level the playing field.**
  서로 공평하게 하자고요. *(I feel pretty 교재 p.98)*
- **We're not on a level playing field.**
  우리는 공평한 입장이 아닙니다.

3 I'll do my best to ~ ~하려고 최선을 다 할 것이다

최선을 다하겠다는 의미이지만 상황에 따라서 지극히 주관적으로 사용될 수 있다. 최선을 다하지만 결과를 보장할 수 없다는 의미가 내포되면 소극적인 표현으로, 최선을 다해 진심으로 무언가를 이루겠다는 의미가 내포되면 적극적인 표현을 가지게 된다.

> example

- **I'll do my best to pencil you in.**
  시간 한 번 내 볼게요. *(I feel pretty 교재 p.98)*
- **As long as you do your best, we'll be happy.**
  네가 최선을 다한다면, 우리는 행복할 거야. *(from Longman Dictionary)*

4 I am about to ~ 막 ~하려고 하다

'about'이 정확한 것이 아닌 그 언저리 어딘가라는 것을 의미하기 때문에 무언가 막 하려는 '찰나'를 나타내는 표현이다. 'I am just about to~'라고 하면 직전이라는 의미를 더 강조하는 표현이 된다. 'be going to~'라는 표현과도 비슷하지만 이보다는 더 가까운 미래를 의미한다.

- **I'm about to make it rain responses.**
  인기 폭발일걸.
  (I feel pretty 교재 p.100)
- **Watch out guys, it's about to heat up!**
  다들 긴장하세요, 더 달아오릅니다!
  (I feel pretty 교재 p.152)
- **But we're about to go to an 'Escape the Room.'**
  우리 '방탈출 카페' 가려고 했거든.
  (I feel pretty 교재 p.268)

5 **All we have to do is ~** 우리는 ~만 하면 돼

'우리가 해야 할 모든 것이 ~이다'라는 의미로 자연스럽게 풀어보면 '우리는 ~만 하면 돼'라고 해석할 수 있다. 이 때 주의해야할 점은 is~ 동사 뒤에 동작이 원형의 형태로 온다는 것이다. 비슷한 의미로 'All we've got to do is ~' 'All we got to do is ~'를 사용할 수 있다.

- **All we have to do is get new photos of me.**
  새롭게 변신한 내 사진만 다시 찍으면 돼.
  (I feel pretty 교재 p.102)
- **All we got to do is get that money.**
  우린 그 돈만 챙기면 돼.
  (미드 Prison Break)

5 시츄에이션 시뮬레이션

가정마다 세탁소(cleaner, laundry)는 주로 다니는 곳을 정해서 한군데만 다니는 경향이 있고, 미국에서도 단골 가게를 정해 고객등록을 한다. 처음으로 세탁소를 들어간다면 거의 먼저 "Do you already have an account with us?" 같은 질문을 받게 될 것이다 . 이름, 주소, 전화번호 등의 기본 정보가 등록되면 고객이 되

는 것이고, 세탁물을 맡기면, 종류와 수량을 파악하고 세탁완료일, 맡긴 날짜, 이름, 주소 등의 기본 정보가 적힌 티켓을 준다. 특별히 얼룩이 묻었다면 그 부분과 어떤 얼룩인지를 말해주면 얼룩(stain)이라고 적힌 스티커를 그 부분에 붙여 준다.

실크나 장식 등 까다로운 의류라면 추가요금이 부과되기도 하고, 남성 셔츠(dress shirt)같은 경우는 다림질 외에도 풀먹임(starch)를 선택할 수가 있다. 가게에 따라서는 옷걸이에 걸어서(on a hanger) 혹은 박스에 넣어서(in a box) 받을 수도 있고 가격이 달라진다. 예를 들어, light(medium, heavy) starch in a box, heavy starch in a box, extra heavy starch on hangers, no starch on hangers 등으로 주문한다. 한국은 배달도 해주고 세탁물 량이 많은 경우 픽업서비스도 해주는 데, 서양은 그렇지 않다. 크게 어려운 세탁이 아니라면 추가요금

을 내고 당일 서비스(same day service)나 급행서비스(rush service)를 받을 수도 있다. 근래에 한국처럼 추가비용 없이도 배달을 해주는 서비스를 제공하는 곳도 있다고 하고, 또 드라이브 스루(drive thru)를 통해서 맡기고 찾을 수도 있어서 편리하다.

Laundry

미국에서 드라이 클리닝의 비용은 국내보다 훨씬 비싼 편이라서 비싼 옷이나 정장이 아니라면 셀프빨래방(coin laundry, laundromat)을 이용해서 세탁하는 것이 일반적이다.

- **I'd like to drop off my clothes for cleaning.** 옷을 맡기려구요.
- **Can you sew my button back on?** 떨어진 단추 좀 달아주세요.
- **Please have this pressed.** 이것을 다림질 해주세요.
- **I'd like to have this coat dry-cleaned.** 이 코트를 드라이 크리닝 해주세요.
- **Will you clean press this suit?** 이 슈트를 세탁하고 다려주실 수 있나요?
- **How would you like the shirts to be done?** 셔츠를 어떻게 해드릴까요?
- **Can you take out(remove) these stains?** 이 얼룩들을 뺄 수 있을까요?
- **Could you hem these pants?** 이 바지 단 좀 줄여주세요?
- **When will they be ready?** 언제까지 되나요?
- **When can I pick it up?** 언제 찾을 수 있을까요?
- **How soon can I get it back?** 얼마나 빨리 찾을 수 있을까요?
- **Can I get it back any sooner?** 조금 더 빨리 찾을 수 없을까요?
- **I need this suit cleaned by tomorrow.** 오늘까지 이 수트를 세탁해야 합니다.
- **How much do I owe you for this laundry? How much do you change for laundry?** 이 세탁물 비용이 얼마에요?

백업하기

CLERK 116!

RENEE _____. But _____
　　　　　❶ 아마 여기 처음이신가봐요.　　　　　❷ 줄을 서서 번호표를

　　　　　_____.
　　　　　받아야 해요.

ETHAN Oh right.

RENEE I can... I can grab it for you.

ETHAN Oh thank you.

RENEE Yeah. I just... here. And _____
　　　　　　　　　　　　　　　　　❸ 이 사람이 번호 순서를 엉망으로 불러요.

　　　　　_____.
　　　　　/ 제멋대로 불러요.

ETHAN Okay?

RENEE It's like a weird game of bingo.

ETHAN Alright.

RENEE But no one wins. So yeah.

ETHAN What's your number?

RENEE _____ Just like that? Wow.
　　　　　❹ 이런 식인 건가요?

ETHAN Just like what... what happens, like what?

RENEE That is very clever.

ETHAN I don't know why that is clever, what is clever? I'm just asking what
　　　　the number is?

RENEE What's your number? And then I go 118. And then you're like, no your
　　　　phone number...

ETHAN Oh.

RENEE Yeah. You are good. _____
　　　　　　　　　　　　　　❺ 언제부터 이런 생각에 매달려왔나요?

ETHAN I haven't. I haven't been holding onto that, that's not a nugget.

RENEE _____ Alright,
　　　　　❻ 당신은 많은 세탁소마다 다니면서 이상형에게 작업걸어요?

　　　　give me your phone.

ETHAN	My phone?
RENEE	Give me your phone, I'm going to give you my number.
ETHAN	Are you still talking to me?
RENEE	_____ .

❼ 이제와서 수줍어하지 말아요/겁먹지 말아요.

| ETHAN | _____ . |

❽ 난 겁 안먹었어요.

| RENEE | Here, come on. Give me, we'll exchange phones. That's what'll happen. Here, give me your phone, you take my phone, put your number in. _____ . |

❾ 서로 공평하게 하자고요.

Happening **10**

Interview

1 Storyboard

본사의 리셉셔니스트에 지원한 르네는 드디어 면접에 오라는 연락을 받는다. 이제 예뻐졌기 때문에 자신이 적임자라고 생각하는 르네는 흥분해서 들어갔지만 사람들은 의심스런 표정을 짓는다. 르네에게 우상인 회사 CEO인 에이버리가 면접위원으로써 르네에 대한 반응이 나쁘지 않은 것 같다. 오히려 르네가 확신과 자신감으로 답변하는 것을 보고 합격을 시켜준다.

2 피가되고 살이되는 문화팁

요새 해외취업에 대한 관심이 꾸준히 높아지고 있으며 실제 성공하는 사례도 늘어가고 있다. 사회경제가 아무리 비슷하다고 해도 나라마다 다르기 때문에 확정적으로 말할 수 없고, 미국은 특히 주(State) 마다 법 자체가 약간씩 다르기 때문에 더욱 정확한 정보를 주기 힘들다.

대략적으로 공통된 것이 국내에서 보다 더 많은 연봉을 받는다고 하여도 외국에서의 생활은 지역에 따라 더 많은 생활 비용으로 결국은 비슷한 수준일 수도 있다는 것이다.

대부분 연봉(Total compensation)은 기본급(base salary)과 보너스(Bonus) 등으로 받게 된다. 미국의 경우, 처음 입사할 때 단 한번 제공되는 입사보너스(Signing bonus)를 주기도 하고 다른 주나 나라에서 정착하게 되는 경우 정착요금(Relocation fee)을 주는 회사도 있다.

국내에서는 공채제도로 기업에서 한번에 많은 수의 신입사원을 뽑지만, 외국에서는 항시 채용체제로 필요한 자리(opening)가 생기면 언제든지 개인적으로 뽑을 수도 있고 같은 직급이라도 능력과 경력에 따라 협상을 하면 연봉이 달라질 수 있다. 그렇기 때문에 취업을 원하는 젊은이들은 준비된 이력서(Resume, CV(Curriculum Vitae))를 원하는 회사의 인사부(HR)에 보내놓는다. 지원자들 중에 적절한 대상자들을 뽑아서 개인적으로 인터뷰 날을 통보하고 면접을 보는 방식이다.

기본급 월급은 회사마다 달라서 한달에 한번(monthly) 주는 회사도 있고, 한달에 두번(bi-monthly), 한 주마다(weekly) 주는 회사도 있다. 대개 한달에 두번, 즉 2주마다 주는 회사가 많아서 매달 1일, 15일이나, 15일, 30일에 월급이 나온다. 미국의 경우 연봉이 높기 때문에 더 많이 버는 것 같아도 속을 들여다보면 다르게 계산될 수 있다. 버는 소득에 따라서 세금이 다르지만 미국은 주세금(State tax)에 더해 연방세금(Federal tax)까지 내야 해서 한국보다 비율이 높다고 봐야 한다. 한국보다 비싼 전기, 수도, 가스, 난방 등의 공과금(Utility)에 콘도나 아파트

같은 경우에 여러 가지 관리비와 심지어 애완견을 키우려면 반려세(Pet rent)도 내기도 한다. 국내와 같은 전세 제도가 없고 엄청 비싼 월세를 내고 살아야 하기 때문에 한 달에 나가는 비용이 크다. 또한 재직한 회사에서 제공하는 퇴직금이 없고, 401k라는 재직 회사 기반의 개인 연금제도가 있기는 해도 제공하지 않는 회사가 많기 때문에 만약에 해고를 당할 시에는 당장 생활이 문제가 될 수 있다. 오바마 정부 이래로 자동가입으로 법이 바뀌어서 많은 근로자들이 혜택을 받게되었다. 물론 국내의 국민연금처럼 10년이상 합법적으로 일을 하고 세금을 성실하게 납세하였다면 소셜연금(Social security benefit)이라고 세금을 낸 것에 비례한 연금을 퇴직후 받을 수 있다.

- **pay cut** 임금 삭감, 감봉
- **current salary** 현재 보수, 봉급, 월급
- **CFO: Chief Financial Officer** 기업의 자금 관리 이사, 재무담당 최고 책임자
- **CEO: Chief Executive Officer** 최고 경영자, 최고 의사결정권자

- **Gayle King** 미국의 TV 저널리스트. CBS 뉴스의 앵커이자 작가. 오프라 윈프리(Oprah Winfrey)의 친구로도 유명하고 오프라 윈프리의 유명 잡지 'O'의 편집장이기도 하다.

편안히 있어요. / 편안히 계세요.

💡	힌트	**make**
🎬 MOVIE	영화 속 표현	**Make yourself comfortable.**
&	또 다른 표현	**Make yourself at home.**

1. 앉으세요.

2. 드디어 직접 뵙네요, 그레이씨.

3. 충분히 이해합니다.

4. 큰 위험 부담을 감수하는 거죠.

5. 제가 왜 여기에 있는지 이해가 안 되시겠죠.

6. 상황이 바뀌었어요.

7. 제발 좀 가줘요.

7. I really need you to leave.
6. Things have changed for me.
5. It doesn't make much sense why I'm here.
4. You are taking a risk.
3. I totally get it.
2. It's nice to finally meet you face to face Ms. Grey.
영어 표현 1. Take a seat.

4 원어민 따라잡기

1 It would be a shame ~ ~하다니 안된 일이에요

'shame'은 '안타까운 일, 아쉬운 일'이라는 뜻과 '수치, 망신'이라는 뜻 두 가지로 사용된다. 안타까운 일을 뜻할 때 단수로 쓰이고 수치를 뜻할 때 셀 수 없는 명사이기 때문에 앞에 관사에 주목하는 것도 해석할 때 힌트가 될 수 있다.

example

- **It would be a shame to waste all this in a tiny Chinatown office.**
  그리고 이 모든걸 골방 같은 차이나타운 사무실에서 썩히긴 아깝잖아요. (I feel pretty 교재 p.110)
- **It'll be a shame if you can't come with us.**
  우리랑 함께 할 수 없다면 정말 아쉬울 거야.

- **A: I can't go to see the show.**
  나 그 공연보러 못 가.
- **B: Oh, what a shame!**
  아, 너무 아쉽다!

2 We appreciate ~ ~에 대해 감사드려요 / ~에 대해 높이 평가합니다.

'appreciate'는 뜻이 크게 두 가지로 '~에 대해 감사드려요'와 '~에 대해 높이 평가합니다'로 해석할 수 있다. 맥락에 따라 어울리는 해석을 사용하면 된다. 감사를 나타낼 땐 'thank you'보다 더 공손하게 사용되는 표현이다. 특히 '감사'의 의미로 사용하는 경우에는 감사의 대상이 되는 행위를 나타내야 하기 때문에 목적어로 사람만 오면 애매하고 사람과 행동이 함께 와야한다.

example

- **We appreciate you taking the initiative.**
  의욕이 넘치는 당신을 높게 평가합니다. (I feel pretty 교재 p.110)
- **I really just appreciate the opportunities.**
  기회를 주셔서 정말 감사합니다. (영화 Antman)

3 not exactly ~ 정확히 ~한 건 아니다

추구하는 것과 완전히 일치하지 않거나, 요구하는 특정 성질을 가지고 있지 않다는 것을 강조하는 표현으로 거절할 때 완곡한 의미를 담을 수 있다. 반어적이거나 유머러스한 느낌을 담아 짜증을 표현할 때 사용하기도 한다.

example

- **I'm not exactly the face they're looking for.**
  난 회사에서 찾는 얼굴이 아니니까. (I feel pretty 교재 p.54)
- **You're not exactly the obvious choice for this job.**
  이 자리에 정말 적합한 사람은 아닌 것 같아요. (I feel pretty 교재 p.110)

4 ~ is an option for me.

나는 ~을 선택할 수도 있다 / 나에게 ~이 선택사항이 될 수 있다

'선택'이라는 의미를 가진 단어는 option/choice/selection으로 다양하지만 option은 선택지로
주어진 것들을 나타낼 때 사용하고 choice는 결정을 내린 것을 나타낼 때 사용한다. choice보다
주의를 기울여 선별한 것에는 selection이라는 단어를 사용한다. 따라서 여기서 소개하고 있는
표현은 ~에 해당하는 것이 선택할 수 있는 경우의 수라는 의미를 내포한다.

example

- **Modeling is an option for me.**
  저라면 모델도 할 수 있을 거예요. (I feel pretty 교재 p112)
- **I had no other option. = I have no choice.**
  선택사항이 없었어.

5 My only goal is to ~ 내 유일한 목표는 ~이다

바라고 하고자 하는 것을 강조하기 위해 'only'라고 한정하고 있으며 뒤에 동작을 나타낼 때는 to부정
사를 사용한다. 노력을 왜 하는지, 추상적인 방향성과 장기적인 목표를 나타낼 때 'goal'이라는 단어
가 적절하고 단기적이고 구체적인 행동을 나타낼 땐 'objective'라는 단어가 적절하다.

example

- **My only real goal, is to come here to this office every day, and help people feel
  the same way I feel.**
  제 유일한 진짜 소망은 매일 매일 이 사무실로 출근해서, 제가 느끼는 이 모든 것을 다른 사람들도
  똑같이 느낄 수 있도록 도와주는 거예요. (I feel pretty 교재 p112)
- **Your goal as a parent is to help your child become an independent adult.**
  부모로서 당신의 목표는 아이가 독립적인 성인이 되도록 돕는 것입니다. (from Longman Dictionary)

6 everything I've ever wanted... 내가 여태껏 바라던 모든 것

현재 완료 형태와 ever가 함께 쓰이면 과거의 삶 전체를 범위로 나타낸다. 수식절에 현재완료 시제와
함께 사용되는 경우 꾸미고 있는 것을 강조하는 표현이 된다.

example

- **Everything I've ever wanted...**
  제가 그 동안 그토록 원하던 게… (I feel pretty 교재 p114)
- **My dreams would come true 'cause all I've ever wanted is you.**
  내가 원하던 건 당신뿐이기 때문에 내 꿈은 이루어졌어요. (노래 All I've ever wanted)

5 시츄에이션 시뮬레이션

구직 면접을 보게 될 때 어떤 상황에서 어떻게 대처하게 될지, 이런 일이 생긴다면 어떻게 할지 같은 상황질문(situational interview questions)을 많이 한다고 한다. 그런 경우에 어떻게 재치 있고 명료하게 대답하는가는 사실 영어뿐만 아니라 모국어 상황에서도 쉬운 일이 아니다.

면접위원의 입장에서는 답변을 어떻게 하는가를 보고 지원자의 성격, 업무 능력 등을 파악할 수 있다고 한다. 특히 경험한 어떤 상황에서 지원자가 어떻게 대처했는가에 관한 이런 질문들은 과거의 경험과 연결되기 때문에 적절한 답안을 하는 것이 더욱 힘들 수 있다. 이런 상황중심의 질문을 받을 때는 먼저 **1)문제의 상황설명**을 언급하고 **2)해결책을 제시**해야 하며 그게 회사나 부서, 동료들에 **3)어떤 이득과 도움을 주는지를 언급**하는 것이 좋은 답변으로 보인다.

Q: Tell me about a time you had a collaborate with a coworker who was difficult to work with.

함께 일하기 힘들었던 동료와 공동작업을 해야 했던 때를 말해보세요.

1) 문제

I had to work with another programmer who complained a lot about our projects.

우리 프로젝트에 관해서 불평을 많이 했던 프로그래머와 일해야 했었어요.

2) 해결책

I took the time to learn about his personal life. It turned out he was going through a tough divorce. Once I got to know him, he was actually a great coworker

제가 시간을 내어서 그의 사생활에 대해 알게 되었어요. 그는 이혼을 해서 힘든 상황을 겪고 있던 거였죠.

3) 이득과 도움

We worked so well together after that we were the most efficient programming pair in the company.

그 후에 우리는 함께 잘 일했고 회사에서 가장 효율적인 프로그래밍 팀이 되었죠.

Q: Tell me about a situation when your job went through big changes. How did you adjust?

당신의 직장이 큰 변화를 겪었던 때를 말해보세요. 어떻게 적응했나요?

1) 문제

When our company grew, I went from a network administrator to a full system administrator.

우리 회사가 커지면서, 네트워크 관리자에서 전체 시스템 관리자가 되었어요.

2) 해결책

I read 5 books on systems admin and took a class to get a handle on my new responsibilities.

시스템관리에 관한 책 5권을 읽었고 수업을 들어서 저의 새로운 책임을 다룰 수 있도록 준비했습니다.

3) 이득과 도움

I then used automated system monitoring and strategic hardware location to save us $50,000 a year in lost time and materials.

저는 그리고 나서 자동화된 시스템 모니터링과 전략적 하드웨어 로케이션을 사용해서 시간 손실과 재료에서 연간 50,000달러를 절감하게 되었습니다.

Q: Describe a situation where your boss was 100% wrong. What did you do?
당신의 상사가 완전히 틀렸을 때 당신이 어떻게 했었나요?

1)문제

My boss said we couldn't afford a bigger machine, but I knew the small one was hurting production.
상사가 더 큰 기계를 구입할 여유가 없다고 말했지만 저는 작은 기계가 생산량에 손해를 미치고 있다는 것을 알았어요.

2) 해결책

I took her to the shop floor during a production run and showed her all the defects and rework caused by forcing our equipment beyond capacity. She said, "price out the larger one tomorrow.
나는 상사를 생산파트가 작업중인 동안 작업 생산현장에 데려갔고 현재 우리 장비가 억지로 감당할 수 없어서 야기되는 모든 결함과 재작업을 보여줬습니다. 그녀는 내일 큰 기계의 가격을 알아봐요"라고 말했습니다.

3) 이득과 도움

We got one, and our production costs dropped 30%.
우리는 큰 기계를 샀고 생산비용이 30% 떨어졌죠.

물론 이런 3단계의 답변이 아니라 간단하게 말할 수 있지만 결과적으로 생긴 이득과 도움은 언급하는 것이 좋다.

Q: Tell me about your proudest professional accomplishment.
가장 자랑스러운 전문적 업적을 말해보세요.

I made an educational video for a consultant that brought in over $1 million in revenue.

컨설턴트를 위한 교육 비디오를 만들었고 매출성장에서 1백만달러 이상을 가져왔습니다.

참조: https://zety.com/blog/situational-interview-questions

백업하기

HELEN You must be Renee. I'm Helen Grey, CFO. We spoke on the phone. And this is our CEO...Avery LeClaire.

AVERY Hello, Renee.

RENEE Hello.

AVERY _____.

　　　　❶ 앉으세요. 편안하게 계세요.

RENEE Thank you so much. _____ Ms.

　　　　　　　　　　❷ 드디어 직접 뵙게 되니 좋으네요.

Grey.And I of course know who you are, Miss LeClaire.

HELEN Renee currently works in the online division.

AVERY Oh wow, super.

RENEE Yeah but, I figure I can be real with you guys. Like Gayle King real...and say that _____

　　　　　　　　　　❸ 작은 차이나타운 사무실에서 이 모든 것을

_____. I think we've got more of a

낭비한다는 것은 정말 안타까운 일일거예요.

front of house situation on our hands. Am I right or wrong. Yeah.

HELEN Renee, we appreciate you taking the initiative, but you're not exactly the obvious choice for this job.

AVERY Helen.

RENEE No, _____. Because I already work for the

　　　　❹ 나는 완전히 이해해요.

company. And this job would actually be a pay cut to my current

salary. _____.

　　　　❺ 내가 왜 여기 왔는지 정말 말이 안되지요.

HELEN So _____

　　　　❻ 정확하게 당신의 목적이 뭔가요?

RENEE To work here. As a receptionist.

AVERY Wow. Okay, because most girls they view this as a stepping stone to modeling or to opening their own e-commerce boutique.

RENEE   I hear you. And yes, _____. You

❼ 모델이 제가 할 수 있는 일들 중에 하나죠.

are taking a risk. Is this girl going to walk out of this office and right onto the runway and never look back? Is that realistic for me? 1000 percent. But it's not who I am. _____

❽ 내 유일한 목적은 매일 여기 사무실에 와서,

_____

사람들이 내가 느끼는 것과 똑같이 느낄 수 있게 돕는 거예요.

_____.

내가 엘리베이터를 내릴 때 느끼듯이요.

Happening **11**

My only real goal

1 Storyboard

드디어 리셉셔니스트가 된 르네는 자리에서 손님들을 친절하고 활기차게 맞이하고 있다. 단순한 친절함이 아니라 시원한 생수에 빨대까지 마련하는 센스 있는 성의를 보이고 있다. 세련되어 보이는 한 여자 손님은 이런 르네에게 노골적으로 퉁명스럽고 무시하는 듯한 태도를 보인다. 이런 상황을 회사 대표인 에이버리의 동생인 그랜트가 지켜보고 있다. 여자 손님이 가고나서 그랜트와 르네가 대화를 나누게 되는데 그랜트는 친절하고 자신만만한 르네에게서 좋은 인상을 받는다. 게다가 르네는 그랜트가 방문할 것을 대비해서 그랜트가 좋아하는 음료를 준비해놓고, 재치 있는 농담으로 즐거운 분위기를 만든다.

에이버리는 여러 직원들과 새로 출시할 화장품들에 대해서 회의중이다. 이때 르네가 들어왔다가 나가면서 신제품 블러셔를 떨어뜨리게 된다. 당황한 르네는 사과하며 블러셔를 줍는데 당연히 포함되어 있다고 생각한 블러셔 브러쉬도 찾으려고 한다. 회의실에 있던 사람들은 어이없어 하는데 이 회사인 릴리르클레어의 화장품들은 고급화되어 있어서 브러쉬가 딸려 있지 않았기 때문이다. 에이버리는 당황한 르네에게서 적절한 아이디어를 얻게 된다.

2 피가되고 살이되는 문화팁

감탄사(interjection/exclamation)는 감정을 표현하는 말이다. 나라와 문화마다 각자의 독특한 감탄 표현이 있다. 문법과 연관되어 있지 않고 상황에 맞춰 사용하기 때문에 초보 언어학습자들도 편하게 접해서 가장 먼저 습득하게 되는 표현이다. 이제는 국제적 공용어로써 영어의 사용이 확대되기 때문에 어떤 언어권에서든지 영어 감탄사를 거침없이 사용하는 모습을 많이 볼 수 있다. 욕설과 은어(slang)도 많이 사용하는 것을 보면 그 의미와 영향을 잘 알아두는 것이 좋겠다. 그러나 욕설과 은어는 어떤 언어에서도 그리 권장할 만한 언어형태는 아니다.

● holy shit

글자대로 번역의 의미가 있는 것이 아니라 단순한 감탄사로써 기능하는 말이다. '성스러운, 신성한' 의미의 holy와 함께 전혀 다른 의미를 갖는 단어가 붙어서 사용된다. 원래 기독교 문화가 강하던 시기에 'holy Chriist'로 사용되던 것이 종교적인 색채를 잃게 되면서 대중화되었다는 분석도 있다. 놀라움이나 충격의 느낌을 전달하는 감탄사로 특히 본 것이 너무 독특하거나 특이한 경험을 갖게 되었을 때 쓰인다. 'Holy cow'도 비슷하게 사용되는 표현이다.

● Thank God

나쁜 일이 생기지 않았기 때문에 안도와 다행스러움을 표현하는 감탄사이다.

● Oh my God

불신, 좌절감, 흥분, 분노, 놀람 같은 감정을 표현하는 감탄사이다. 문자 같은 통신언어로 줄여서 OMG가 보편적으로 많이 사용되고 있고 심지어 대화체에서도 그냥 OMG라고 스펠링으로 말하기도 한다. TV드라마나 영화에서도 많이 들을 수 있는 표현으로 '어머, 이런, 어떻게' 등등의 다양한 의미로 해석될 수 있다. 이런 이유 때문에 아무나 어떤 상화에서든지 막 써도 되는 표현 같지만 사실 그렇지 않다. 미국은 기독교 정신이 팽배해 있는 나라로 상당히 보수적이고 종교적인 문화가 보편적인 곳이다. 따라서 하나님의 이름을 함부로 사용하는 것에 대해서 옳지 못하게 생각한다. 정상적인(?) 가정교육과 학교교육을 받았다면

Oh My God은 잘 사용하지 않는다고 한다. 당연히 감정적인 감탄표현을 할 때는 대신 'Oh my Gosh!, Oh my Goodness, Oh my(단순 줄임)' 를 많이 쓴다. 외국어를 배우는데 이왕이면 고급스럽거나 중립적인 표현을 구사할 수 있는 것이 좋을 것이다.

- **That's a shame.**
슬픈 소식이나, 안좋은 얘기를 들었을 때 놀라면서 상대와 동조할 때 쓸 수 있는 표현이다. "어쩌냐, 안됐구나" 정도의 의미로 'I'm sorry."와 비슷하게 사용한다.

저는 시원한 물을 준비해두는 걸 더 좋아하죠.

	힌트	**chilled**
MOVIE	영화 속 표현	**I prefer to serve it chilled.**
&	또 다른 표현	**I prefer to serve cold water.** **I favor serving it chilled.**

1. 그런 분들 많아요.

2. 당신은 Angie가 여기 앉아있는 걸 보는 것에 익숙하겠죠.

3. 제가 더 나을 거예요.

4. 연결해 드릴게요.

5. 옆에서 당신 이름을 들었어요.

6. 그게 놀랄 일이야?

7. 신경 쓰지 마세요.

영어 표현

1. You're not the only one.
2. You're probably used to seeing Angie sit here.
3. I promised to win you over too.
4. Oh I'll put you through
5. I overheard your name.
6. Does that come as a surprise to you?
7. Never mind.

원어민 따라잡기

1 **be used to -ing** ~에 익숙하다

'be used to'는 뒤에 나오는 형태에 따라서 뜻이 달라지는데 동사가 나오면 '~에 사용되다'라는 뜻으로 쓰이고 명사나 동명사의 형태가 오면 '~에 익숙하다'라는 의미로 사용된다. 'be accustomed to~'가 같은 의미로 사용될 수 있다. 'get used to~'도 같은 의미로 사용될 수 있지만 지금 막 그렇게 됐다라는 진행상태에 초점을 둔다.

> **example**

- **You're probably used to seeing Angie sit here.**
  아마 그동안 여기 엔지가 앉아있는 걸 보셨겠죠.   (I feel pretty 교재 p116)
- **They lived in India for a long time, so they are used to eating spicy food.**
  그들은 오랫동안 인도에서 살아서 매운 음식을 먹는게 익숙하다.   (from Collins Dictionary)

2 **You don't have to ~** ~할 필요가 없다

'have to'는 조동사 'must'와 같은 의미이지만 부정문으로 사용하면 의미가 달라진다. 'must not'은 '~하면 안 된다'라는 금지의 의미가 되고, 'don't have to'는 '~할 필요가 없다'라고 필요를 나타내는 표현이 된다. 굳이 안 그래도 된다고 상대방을 말리거나 달랠 때 쓸 수 있고, 의무가 아니기 때문에 원하는 대로 하거나 하지 않아도 된다는 의미를 내포한다.

> **example**

- **This way you don't have to feel intimidated.**
  이러면 당신도 창피할 리는 없겠죠.   (I feel pretty 교재 p98)
- **So you don't have to mess with your fierce lipstick.**
  강렬한 립스틱을 망칠 필요는 없으니까요.   (I feel pretty 교재 p116)

3 **if you prefer, ~** 원한다면, ~해

어떤 행위를 제안할 때 사용할 수 있는 표현이다. 제안을 할 때 말하는 사람의 의견보다 상대방의 의향을 존중해 주겠다는 의도를 전할 수 있다.

> **example**

- **If you prefer, get steps in to meet your Fitbit goal for the day.**
  걸어 다니면서 운동하셔도 돼요.   (I feel pretty 교재 p118)
- **Or, if you prefer, you can email us.**
  원하신다면, 메일을 하셔도 됩니다.   (from Longman Dictionary)

4 in case ~ ~할 경우를 대비해서 / ~ 할까봐

조심하고 주의해야 할 상황에 대해 경고를 하거나 어떤 상황에 대하여 준비하고 대비를 할 때 사용하는 표현으로 주로 부정적인 미래에 대비한다는 데에 초점을 맞춘다. if도 비슷한 의미를 가지지만 if는 어떤 상황이 발생하면 그 때 행동을 할거라는 의미를 가질 때 사용하고 in case는 어떤 상황에 나중에 일어날 것이기 때문에 지금 행동을 할 거라는 의미로 사용한다.

example

- **I brought it here in case you were ever to come in...**
  혹시 당신이 올까봐 사 뒀어요.　　　　　　　　　　　　(I feel pretty 교재 p120)
- **Take your umbrella in case it rains.**
  비가 올지도 모르니까 우산 가져가.

5 it would be ~ (예측하는 상황에 대해) ~일 거야 / ~될 거야

과거의 시점에서 미래 상황을 예측할 때 'will'의 과거형 'would'를 사용한다. 기본형 'will'의 예측은 현재 상황과 관계 없이 예측하는 것으로 근거 없는 막연한 상황에 대한 예측을 말한다. 추측하는 시점만 과거일 뿐 'would'를 사용해도 예측에 대한 느낌은 같다.

example

- **This job would actually be a pay cut to my current salary.**
  현재 월급보다 더 적게 받는 자리니까요.　　　　　　　(I feel pretty 교재 p110)
- **Thanksgiving would be really weird.**
  추수감사절 때는 진짜 이상하겠어요.　　　　　　　　　(I feel pretty 교재 p122)

6 if you 과거 v ~, you would ~ ~라면 ~할텐데

현재 사실에 반대되는 일을 가정할 때 동사의 과거 시제를 가지고 표현하는데, 항상 현재를 의미하고 있다는 것에 주의해야 한다. 현재 사실에 반대되기 때문에 실현 가능성이 거의 없는 일을 나타낼 때 사용한다.

example

- **Because if you knew our products, you'd know that our blush never comes with an application blush brush.**
  우리 제품 알잖아, 블러셔에 브러쉬 같이 안 넣는 거.　　(I feel pretty 교재 p124)

5 시츄에이션 시뮬레이션

농담과 유머를 잘 사용하는 것은 인간관계에서 꼭 필요한 전략이다. 어색한 상황을 부드럽게도 해주고, 친분을 두텁게 해주기도 한다. 문화마다 다른 농담과 유머 형태가 있고, 특히 영어권 나라에서 주로 사용하는 농담과 유머 패턴을 알아둘 필요가 있다. 모국어 사용상황에서도 농담을 적절하게 쓰기가 쉽지 않은데, 하물며 외국어를 배우면서 쓰기위해서는 한참 시간이 걸릴 것이다. 하지만 농담과 유머를 제대로 이해할 수 있어야 의사소통에 잘 참여할 수 있고 관계 형성에도 도움이 될 것이다. 농담과 유머는 그 속에 사용되는 어휘를 알아야 하고, 특히 영어농담에서는 그 단어의 다른 이중적 의미들이 이용되어서 농담의 한 종류로 말장난(pun)이 되기도 한다. 게다가 그 언어권의 문화나 대중문화를 이해하고 있어야 쉽게 파악할 수가 있다.

"Why did the chicken cross the road? - To get to the other side!"
왜 닭이 길을 건넜지? -다른 편으로 건너가려고(죽으려고)

위의 농담은 'the other side'가 길의 반대편도 되지만 죽음의 세계라는 뜻도 갖기 때문에 재미를 준다. 영화에서 르네가 그랜트와 대화를 나누면서 'hold'라는 단어를 이용한 일종의 말장난(pun)으로 농담을 한다. 잡지책에서 그랜트가 야채 쥬스를 들고 있는 것을 봤기때문에 야채쥬스를 준비했다는 것이다. 여자들을 안고 있는 것도 봤지만 냉장고에 들어갈 사이즈가 아니라서 준비못했다고 농담을 했다. 'Hold'는 '갖고 있다'와 '사람을 껴안다'는 뜻이 두 가지로 많이 쓰이기 때문이다. 이런 방식 이외에도, 어린이들과도 나눌 수 있는 농담 중에 똑똑 노크농담(Knock knock jokes)이 있다.

A: Knock, Knock.
B: Who's there?
A: Nanna.
B: Nanna who?
A: Nanna your business, that's who.

Banters

A: Knock, knock.
B: Who's there?
A: <u>Cash.</u>
B: <u>Cash who?</u>
A: <u>No thanks, I'll have some peanuts.</u>

밑줄 친 부분은 다르게 할 수 있고 나머지는 항상 똑같이 쓴다. 위의 농담에서는 'None of your business' 에서 Nanna라는 소리음을 써서 장난하는 것이다. 아랫 농담에서는 캐쉬넛의 발음을 이용해서 캐쉬넛 먹을래?라는 의미로 묻고 답을 아니 땅콩 먹을래로 장난하는 것이다.

재미있는 이야기(anecdote)로 실제 일어났던 일이나 가상의 일을 전달해서 농담을 나누는 것도 일반적이다.

My old aunts would come and tease me at weddings, "Well, Sarah? Do you think you'll be next?" We've settled this quickly once I've started doing the same to them at funerals.

연세드신 이모님들이 결혼식장에 올때마다 나를 놀리곤 하셨다. "사라? 너가 다음 차례니?" 내가 즉시 이 문제를 해결했는데, 장례식에서 이모님들께 똑같이 묻기 시작했기 때문이다.

Today, my son came to me and gave me a hug, out of the blue. I was very pleasantly surprised, that is, until I heard him tell his father, "You're right. She did gain weight."

오늘, 내 아들이 나한테 와서 안아줬어, 갑자기 말야. 난 정말 기분 좋게 놀랐어, 그때 아들이 남편한테 말하는 걸 들었지, "아빠 말이 맞아요. 엄마 살쪘어요."

참조: https://www.fluentu.com/blog/english/jokes-in-english/
　　　https://short-funny.com/

6 백업하기

RENEE   I know, right. _____. Okay. People

       ❶ 당신만 그런 건 아니에요. / 그런 분들 많아요.

       _____ a girl sitting back here _____.

       ❷ 사람들은 여기 뒤쪽에 앉아있는 여성 안내직원이 이렇게 일에
       신경을 써서 훤히 알고 있을 거라고는 기대하지 않지요.

EDITOR   Well, see, that's not what I was...

RENEE   But _____. And I don't plan on

       ❸ 난 일을 열심히 한다는 게 어떤 것인지 잘 안답니다.

coasting off the benis of this face or this body. I'm going to bring it every day. I can see by your portfolio that you're here from the Rose Sheet. Which happens to be my absolute favorite trade publication. So _____ and you can

       ❹ 10시 30분 약속때문에 당신이 오셨다고 알려드릴게요.

have a seat. Or _____.

       ❺ 좋으시면, 오늘 하루 Fitbit 운동량 채우시도록 돌아다니세요.

This _____.

       ❻ 이 복도가 둥글게 돌 수 있어요. 준비되면 알려드릴게요.

Welcome to Lily LeClaire.

EDITOR   Thanks.

• Fitbit: 운동량 측정 웨어러블 손목장치 브랜드

❻ (This) hallway loops around and I'll let you know when they're ready.
❺ If you prefer, get steps in to meet your Fitbit goal for the day.
❹ I'll let them know you're here for your ten-thirty.
❸ I know what it means to work hard.
❷ I don't expect (a girl sitting back here) to be so on the ball.

영어 표현   ❶ You're not the only one.

Let's Match

1) 그녀가 당신에게 갔어요. •

2) 엘리베이터 잘못 눌렀나봐요 •

3) 제가 찾고 있어요. •

4) 아마 ~에 익숙하시죠 •

5) 당신은 망칠 필요가 없어요 •

6) 내가 헷갈리는 건~ •

7) 그렇게 능력있다 •

8) 바꿔 드릴게요 •

9) 혹시 당신이 올지 몰라서 •

10) 본적 있어요? •

• A) I'll put you through.

• B) What confused me is~

• C) be on the ball

• D) She's headed to you.

• E) in case you were ever to come in

• F) You've seen

• G) You're probably used to~

• H) You don't have to mess with~

• I) I pressed the wrong floor.

• J) I'm looking for ~

Let's Match 1→D 6→B
2→I 7→C
3→J 8→A
4→G 9→E
5→H 10→F

아이필 프리티 자막없이 보기 **149**

Happening **12**

Love interest

1 Storyboard

이든의 전화번호를 받아간 르네는 이든에게 전화를 걸어 데이트를 신청한다. 전혀 생각도 안하고 있던 이든은 당황스럽지만 너무나 자신있게 적극적인 르네의 묘한 매력에 어쩔 줄을 모르다가 만나기로 약속한다. 데이트를 하게된 르네와 이든은 솔직하고 진솔한 대화를 나누면서 공원을 산책한다. 이든은 소극적이고 자신 없는 자신과는 다르게 적극적이고 자신만만한 르네에게 서서히 반해가고 있다.

2 피가되고 살이되는 문화팁

세상 어느 곳이나 자기 지역 특유의 길거리 음식이 있기 마련이다. 한국의 관광지나 대도시 같은 지역은 길거리 음식도 이제 한류와 함께 많이 알려지고 있다. 미국

은 대도시 중심으로 푸드트럭(food truck)이 보편화 되어 있다. 뉴욕, 시카고, 로스엔젤레스 등지의 대도시에서는 저렴한 가격에 맛이 좋아서 직장인들이 식당보다도 즐겨 찾고 있으며, 유명한 몇 곳은 관광 명소가 될 정도이다.

● **cotton candy** 솜사탕

● **taffy** 미국식으로는 taffy, 영국영어에서는 chews라고 부르는 일종의 캔디이다. 우리나라의 엿처럼 설탕, 버터, 식물성오일, 향료 등을 뜨겁게 끓여서 끈적끈적할 때 잡아 늘리고 뭉쳐서 만든다. 캬라멜이나 캔디처럼 개별로 포장되어 팔기도 하지만 길거리에서는 아이스바 처럼

나무 막대기에 꽂아 판매한다.

● **hotdog** 핫도그는 워낙 유명하고 세계 어느 지역에서나 다 판매하는 만국공통의 간식이 되어서 쉽게 접할 수가 있다. 길쭉한 모양의 빵 사이를 갈라서 긴 소세지, 각종 야채, 소스를 넣어 만들고 종류도 많다. 막대스틱을 꽂아서 판매하는 한국의 핫도그와는 다르다.

• pretzel 일종의 구운 빵인데 밀가루 반죽으로 특이한 꼬임매듭 모양으로 만들었고 크기가 좀 큰 편으로 약간 딱딱하며 질긴 질감이다. 지금은 작고 바삭거리는 과자로도 판매되기도 하지만 길거리 음식에서 프레즐은 얼굴 정도 크기이다.

• Halal food 무슬림의 율법에 따라 조리된 음식, 교리에 허락된 방식으로 재배되고 길러진 재료로만 만들어진 중동음식이다. 주로 양고기, 닭고기로 된 케밥식 덮밥이나 빵이다. 공식적인 할랄푸드 인증마크를 붙여서 판매하거나 가게에도 이 마크가 있는 곳에서만 할랄푸드를 판매한다.

• Mexican food 미국에서 인기 있는 음식 중에 하나가 멕시칸 음식인데 그중에서도 타코(Taco)와 브리또(Burritos)가 푸드트럭에서 많이 판매된다. 약간 뻣뻣한 또띠아 전병을 반달 모양으로 접어서 속에 야채와 고기, 소스 등을 넣어 먹는 것이 타코이고 국내에서도 많이 보편화되어 있다. 부리또는 핫도그와 햄버거 만큼 미국 음식으로 주요한 부분을 차지하는 식사대용의 음식인데 또띠아 랩 속에 밥, 콩, 고기, 양상치, 치즈, 살사소스와 사우어 크림 등을 싸서 둥글게 말아 먹는 음식이다.

3 영어로 말해보기

무슨 일 하세요? / 직업이 뭔가요?

💡	힌트	**what ~**
🎬 MOVIE	영화 속 표현	**What do you do?**
&	또 다른 표현	**What do you do for a living?** **What's your job?**

1. 누구시라고요?

2. 안 하겠다고 하기엔 당신이 무서웠어요.

3. 여기 앉아도 되나요? / 여기 자리 있어요?

4. 저는 괜찮아요. / 저는 좋아요.

5. 있는 걸로 만들어야죠.

5. So I have to improvise.
4. I'm cool with this.
3. Anybody sitting here?
2. I was a little afraid to not do this.
영어 표현 1. Who is this again?

원어민 따라잡기

1 **I know ~** ~라는 건 알아요

상대방이 방금 한 말에 동의를 하거나 상대방의 감정을 파악해 공감을 나타낼 때 사용하는 표현이다. 상대방이 말 끊는 걸 방지하기 위해 이해한다는 듯이 말하는 중간에 사용할 수도 있다.

example

- **I know this office isn't the epicenter of anything.**
  여기가 대단한 사무실이 아닌 건 알아요. (I feel pretty 교재 p42)
- **I know you're happy here.**
  여기 근무 좋아하는 거 알아요. (I feel pretty 교재 p114)
- **I know calling a new love interest can be stressful, so I just wanted to take that pressure off you.**
  먼저 전화하는 게 힘들 거 같아서, 부담 덜어주려고 전화했어요. (I feel pretty 교재 p140)

2 **let you know ~** ~라고 알려줄게

다른 사람에게 정보를 주거나 알림 통지를 할 때 사용하는 표현이다. 'let' 이라는 단어는 강요하는 느낌이 적기 때문에 권유하거나 제안을 하는 정도의 의미로 사용한다 'let me know~'라고 하면 '나에게 ~를 알려주세요'라는 의미로 사용된다.

example

- **I'll let you know when they're ready.**
  준비되면 알려드릴게요. (I feel pretty 교재 p118)
- **I'm just gonna take all the heavy lifting off of you and let you know that... You are taking me out.**
  그냥 그런 부담 덜어주려고 해요. 그래서 말인데… 데이트 신청해도 받아 줄게요. (I feel pretty 교재 p140)

3 **what I want to do** 내가 하고 싶은 것

소개하고 있는 표현은 '내가 하고 싶은 것' 이라는 뜻으로 어떤 맥락이든 의미가 맞으면 사용할 수 있지만, 발표를 하거나 새로운 개념을 설명할 때 전달 내용을 효과적으로 표현할 때 주로 쓰이는 표현이기도 하다.

example

- **It's not what I want to do.**
  원래 원하던 건 아니에요. (I feel pretty 교재 p144)
- **I've been trying to figure out what I want to do with my life.**
  계속해서 내가 뭘 하고 싶은지 찾고 있어. (미드 Modern Family)

4 as ~ as ... ...만큼 ~한

같은 수준의 크기, 정도, 감정 등을 비교할 때 사용할 수 있는 패턴으로 앞에 부정의 not을 붙여서 상대비교를 할 수도 있고 배수사를 붙여서 표현할 수도 있다. 이 형태는 항상 형용사나 부사의 원급 형태를 가지고 비교한다.

example

- **That's not even as bad as what I thought they meant.**
  내가 생각한 것보다 나쁜 의미는 아니었네.   (I feel pretty 교재 p144)
- **The weather this summer is as bad as last year.**
  이번 여름 날씨가 작년만큼 나쁘다.   (from Cambridge Dictionary)
- **My brother is not as old as me.**
  내 남동생은 나보다 나이가 어리다.   (from Longman Dictionary)

5 I mean ~ 제 말은 ~라는 겁니다

방금 한 말을 고쳐말하고 싶거나 정보를 더하고 싶을 때 사용하는 표현이다. 문장을 시작하거나 계속 말하려고 할 때 쓰기도 한다. 구어체에서는 말버릇과 같이 사용되는 경우도 있기 때문에 굳이 해석을 하지 않아도 된다.

example

- **I mean I used to be, where you are right now.**
  저도 당신 처지랑 똑같았어요.   (I feel pretty 교재 p144)
- **I mean it makes them feel bad about themselves.**
  제 말은, 제 친구들이 그렇다고요.   (I feel pretty 교재 p172)
- **I mean you have no idea... who you are.**
  당신이 얼마나 멋진 사람인지 모르고 있는거죠.   (I feel pretty 교재 p184)
- **I mean it.**
  진심이야.

시츄에이션 시뮬레이션

미국에는 소개팅이 있을까? 우리에게 익숙한 소개팅이나 선 처럼 남녀가 결혼할 수 있도록 맺어주는 문화는 당연히 미국에도 있다. 물론 이 영화에서처럼 세탁소나, 마트, 바 같은 일상적인 장소에서 마음에 드는 여성이나 남성을 보고 전화번호를 받아내서 연락을 취해 사귀게 되는 것이 가장 흔할 수 있다. 하지만 성격, 직업, 여건 등등 여러가지 생활패턴으로 인해 만나기 힘든 경우는 친구나 지인, 가족의 소개로 만나는 소개팅이 있고 blind date라고 부른다.

요새 한국에도 남녀를 맺어주는 인터넷 사이트나 스마트폰 앱을 공개적으로 TV 광고도 하고 있는데, 서양에서도 이런 앱이 보편화되어 있다. e-harmony, Match.com, OkCupid, Tinder 같은 온라인데이트 업체(online dating sites)들을 통해 지속적으로 사람을 만나고, 결혼에 성공하는 경우도 상당히 많다. 나이 많은 사람들을 위한 데이트 앱도 있어서 남녀가 만날 수 있는 방법은 다양하다.
영화에서는 친구들과 단체 데이트 앱을 이용해서 3:3 단체 미팅을 하려고 사진도 찍고 소개말을 올리는 장면이 나온다. 이렇게 단체 미팅 앱도 있지만, 특이한 종류로 스피드 데이트(speed dating)가 있다. 몇십명이 동시에 참여하는 단체 미팅인데 큰 강당크기정도도 되는 방에 테이블을 길게 붙여놓고 남자들이 줄지어 앉아 있다. 여자들이 맞은 편에 앉아서 서로 대화를 나누는데 조건은 시간 제한이 있다는 것이다. 3분에서 길게는 10분 내에 대화를 나눠서 서로를 파악해야 한다는 점이다. 시간이 되면 종이나 부저가 울리고 바로 대화를 끝내고 남자가 바로 옆 테이블로 이동해야 한다. 그러면 새로운 여성과 바로 시간 제한 내에 대화를 나눠야 한다.

몇분이라는 짧은 제한 시간 내에 좋은 인상을 심어줘야 하기 때문에 하지 말아야 할 행동, 해야 할 행동 등 많은 충고를 인터넷에서 찾아볼 수 있다.

DON'T

1. Ask how much they make or what kind of car they drive.
2. Stare too much or avoid eye contact completely.
3. Reveal too much too soon.
4. Get drunk.
5. Fake it.
6. Do all the talking. No one wants to hear a monologue.
7. Talk about marriage, past relationships, religion or politics.
8. Check in on your phone. No devices allowed!
9. Check out the fella at the next table. Stay focused and in the moment with the person across from you.
10. Overanalyze a first meeting to death. Just enjoy the moment

절대 하지말 것

1. 얼마나 많이 돈을 버는지 어떤 차를 운전하는지 묻기
2. 너무 많이 쳐다보거나 완전히 눈 맞춤을 피하기
3. 너무 빨리 많은 것을 털어놓기
4. 술취하기
5. 속이기
6. 말 많이하기. 아무도 혼잣말을 듣고 싶어 하지 않는다.
7. 결혼, 과거 연애사, 종교나 정치에 대해 말하기
8. 핸드폰 확인하기. 어떤 장치도 안됨.
9. 옆 테이블 사람 쳐다보기. 집중해서 당신 건너편 사람과의 순간에 집중해라.
10. 지나치게 첫 만남을 과잉분석하기. 그냥 그 순간을 즐겨라.

참조:https://www.yourtango.com/experts/tristan-coopersmith/30-speed-dating-dos-and-donts

6 백업하기

RENEE _____

❶ 우리 이렇게 (데이트) 하니까 좋지 않아요?

ETHAN _____, so I was a little afraid to not do this.

❷ 난 당신이 정말 무서워요

RENEE Right. So _____.

❸ 무슨 일 하세요?

ETHAN I'm at CNN.

RENEE Oh.

ETHAN Working in operations. _____.

❹ 내가 하고 싶은 일은 아니에요

_____.

❺ 카메라맨으로 넘어가려고 애쓰고 있어요.

RENEE Oh.

ETHAN But it's sort of a boys club over there. So I can't just... ...What?

RENEE Well only girls complain about things being a boys club.

ETHAN Yes, _____, but _____ it's like a different breed of

❻ 맞는 말이네요.   ❼ 내 말은요

like boys club. Like tattoos. C-class drivers licenses.

RENEE I'm sure you're just in your head about...

ETHAN They call me Wheat Thin...

RENEE Oh because of Ethan. That's clever.

ETHAN Wheat Thin-Ethan... _____.

❽ 그거 였구나!

RENEE Hot dog...

ETHAN Wheat Thin-Ethan... _____.

❾ 그들이 의미한 게 내가 생각한 거 만큼 나쁘진 않았네

RENEE No, _____, where you are right

_{⑩ 나도 그랬었단 말이에요(그런 처지였었어요)}

now. I was working in this tiny office. Like tiny. And _____

_{⑪ 5번가에}

_____. But _____.

성공적으로 도달할 줄은 생각도 못했지요.　　　⑫ 내 말은, 지금 날 봐요.

I'm a receptionist. _____ I... Renee am a

_{⑬ 아직까지 소리내서 말도 못했네요}

receptionist.

Happening **13**

A date

1 Storyboard

이든과 데이트를 하면서 걷고 있던 르네는 비키니 콘테스트를 한다는 광고를 발견한다. 작은 술집에서 열리는 소규모 선발대회이다. 르네는 갑자기 여기에 참가하겠다고 선언하고, 얌전한 이든은 놀라서 말리고 있다. 비키니도 준비안 된 르네가, 그것도 첫 데이트에서 과감하다 못해 무리한 시도를 하고 있다. 이든 앞에서 창피한 줄도 모르고 입고 있던 옷으로 즉석 비키니처럼 꾸민다. 예쁘고 날씬한 참가자들 속에서 평범한 외모에 통통한 르네는 단연 눈에 띈다. 게다가 파격적인 댄스에 얼음물까지 스스로에게 부어버리는 엄청난 퍼포먼스로 손님들의 환호를 끌어낸다.

2 피가되고 살이되는 문화팁

Certificate은 자격증이나 증명서의 두 가지 의미를 갖는다. 첫째는 어떤 전문 분야에 대한 지식과 자격을 가지고 있다는 것을 증명하는 자격증이다. 두번째는 어떤 사실을 확인해주고 증명해주는 증명서의 개념이다. 영화에서 르네가 참가한 비키니 콘테스트의 출연자를 소개할 때 heating and cooling maintenance에서 자격증을 따려고 노력한다는 말을 한다. Heating and air conditioning maintenance라고도 하며, 난방, 에어콘, 냉장고 등을 유지보수 하는 일을 말하고 이 일을 하기 위해서는 자격증이 필요해서 학교교육과정을 통해 시험에 합격해야만 받을 수 있다. 반면 어떤 사실을 확인해주는 증명서는 일반적으로 보통 사람이 누구나 발급받을 수 있는 것으로, 외국 생활에서 필요한 증명서들을 알아보자.

● Birth Certificate/Certificate of Live Birth

국내에서 아기가 태어나면 출생신고를 동주민센터에 직접 가서 해야하지만 미국은 태어난 병원에서 출생신고서를 작성하면 바로 출생신고를 해주기 때문에 아기 이름도 빨리 지어놔야한다. 그럼 얼마 후에 국내의 주민등록번호같은 아기의 사회보장번호(social security number)가 배송된다. SSN번호가 도착하면 시청의 인구통계부서(Vital Statistics)에 가서 출생증명서를 발급 받을 수 있다. 신원증명이 필요한 공무나 은행업무에 활용되기 때문에 출생증명서를 누구나 보관하고 있다.

● Driver's License

미국은 주민등록증이 없고 운전면허증(driver's license)이 주민등록증의 모든 역할을 수행해서 가장 많이 통용된다. 각 주(state)의 DMV(Department of Motor Vehicle)국을 가서 면허를 발급받아야 하는데 주마다 정책이 약간 다르고, 모양이 다르니 결국 미국 전체에서 통합적으로 관리되고 있지 않다. 따라서 911테러사건 이후 법을 만들어서 미국의 전체 국민을 통합관리할 수 있는 주민등록증 같은 국가차원의 Real ID를 2018년 부터 시행하게 되었다. 2020년 10월부터는 전면 시행될 예정이라서 Real ID가 없으면 국내선 비행기를 탈 수 없다. Real ID는 위조 불가능하게 만들어서 생체정보가 들어 있고, 연방정부의 규정을 맞춰 복잡하다고 한다.

SSN card가 있지만 우리나라의 주민등록증처럼 좋은 재질로 되어서 휴대할 수 있는 것이 아니고 그냥 작은 카드모양의 종이로 발급되기 때문에 갖고 다니지 말고 분실되지 않도록 잘 보관해야 한다.

• Certificate of Marriage/Marriage Certificate

미국은 결혼을 하려면 먼저 결혼 허가서(marriage license)를 받아야 결혼할 수 있다. 결혼허가서를 받으면 주마다 다른 대기일(없음~5일) 다음에 결혼이 가능하다. 또한 주마다 다르지만 대부분 60일 이내에 결혼을 해야지 만약 시기가 지나면 다시 허가서를 받아야 한다. 결혼식에서 혼인을 시켜주는 사람은 정식 면허증(license)을 가진 자격 있는 사람으로 목사님, 신부님, 법관 등 뿐만 아니라 자격증을 가진 사람이면 공무원 같은 사람도 가능하다. 또한 증인이 반드시 있어야 하고 서류에 사인도 받아야 한다. 법적 효력을 가진 사람이 결혼식을 수행한 후에 여러 서류를 작성해서 법원으로 보내면 결혼증명서를 받게 된다.

영어로 말해보기

행운을 빌어줘요.

💡	힌트	**wish~**
🎬 MOVIE	영화 속 표현	**Wish me luck.**
&	또 다른 표현	**Wish me the best of luck.** **Keep your fingers crossed for me.**

1. 왜 그러는 지 알겠어요.

2. 나라면 신발 신겠어요.

3. 그녀는 냉난방 유지보수 자격증을 공부중입니다.

4. 더 달아오릅니다!

5. 카펫 더러워요.

원어민 따라잡기

1 **as long as ~** ~하는 한/ ~한다면

이 표현은 크게 두 가지 의미로 나눌 수 있는데, 먼저 시간에 관련해서 쓸 수 있다. 이 경우에는 '~만큼/ ~하는 한'으로 해석된다. 그리고 다음으로는 '~한다면'으로 해석되어 조건절처럼 쓰일 수 있다. 'so long as~'라고 바꿔쓸 수 있다.

example

- **As long as you don't sue.**
  소송만 안 하신다면요. (I feel pretty 교재 p.80)
- **As long as you're...comfortable sitting here.**
  당신만 괜찮다면요. (I feel pretty 교재 p.146)
- **I eat as much as I want, so long as it is healthy.**
  건강에 좋다면 먹고싶은 만큼 먹는다. (from Collins English Dictionary)

2 **I think ~** ~인 것 같다

원하는 것을 누군가에게 설명하거나 제시할 때 공손하게 말하기 위해 사용하는 것으로 자신의 생각을 전달하는 완곡한 표현인 것 같지만 실제로는 자기 주장을 강하게 하고 있는 표현이다. 부정적인 의견을 나타내고 싶을 땐 'I don't think ~'를 사용한다.

example

- **But I think you probably had to preregister on-line.**
  근데 인터넷으로 먼저 신청했어야 하는 거 같은데요. (I feel pretty 교재 p148)
- **I think a lot of people are confused about themselves.**
  많은 사람들이 자기 자신에 대한 확신이 없는 것 같아요. (I feel pretty 교재 p184)
- **I think you look great all the time.**
  당신 언제나 예쁘잖아요. (I feel pretty 교재 p264)

3 **You're worried that ~** 당신은 ~을 걱정하는군요.

걱정한다는 것을 표현할 때 쓰는 표현으로 'worry'와 'be worried' 사이에 약간의 차이가 있다. 'worry'는 항상 걱정하고 염려하고 있는 문제에 대해 이야기할 때 사용하고, 'be worried'는 지금 당면해서 겪고 있는 문제에 대해 걱정될 때 사용한다.

example

- **You're worried that the guys are going to be drooling all over me.**
  날 보고 남자들이 온통 침 흘릴까봐 걱정하는 거죠. (I feel pretty 교재 p148)
- **What am I even worried about.**
  뭐가 걱정돼서 이러나 몰라요. (I feel pretty 교재 p272)
- **You're worried you'll get laid off?**
  해고될까 봐 걱정하는 거야? (미드 The Good Wife)

4 **at the end of the day** 가장 중요한 것은 / 결국

하루 중 마지막을 뜻하는 것으로 주어진 시간 자체의 끝으로 의미를 확장할 수 있다. 우리에게 시간이 더 이상 주어지지 않았을 때의 마지막을 말하는 것이기 때문에 '결국에'라는 의미를 가진다.

example

- **Honestly at the end of the day, I don't know if it's going to have a... dramatic effect either way.**
  솔직히, 어떻게 하든 별 차이 없어 보여요. (I feel pretty 교재 p150)
- **At the end of the day it's not about what you have or even what you've accomplished... it's about who you've lifted up, who you've made better. It's about what you've given back.**
  결국 당신이 소유한 것이나 이루어낸 것이 중요한 게 아니다. 당신이 누구를 고양시키고 누구를 더 나아지게 만들었는지가 중요한 것이다. 당신이 베풀었던 게 중요한 것이다. (by Denzel Washington)

5 **have been to~** ~에 가본 적 있다

이 표현은 방문해 본 적 있는 경험을 나타낼 때 사용하는 표현으로 'have gone to~'는 '~에 가버려서 (현재 여기에) 없다'라는 의미가 되므로 구분해서 사용해야 한다. 또한, 방문한 장소가 구체적인 경우에는 잘 쓰이지 않는다.

example

- **You probably haven't been here before.**
  여기 처음이신가봐요. (I feel pretty 교재 p96)
- **Our Vanessa here has been to eleven of our United States.**
  바네사는 미국의 11개 주를 다녀봤다는 군요. (I feel pretty 교재 p152)

5 시츄에이션 시뮬레이션

대부분의 미국 주마다 교통법이 달라서 사우스 다코다(South Dakota) 주의 경우에는 14살이되면 운전면허를 딸 수 있고, 15, 16세 등 면허 획득 연령이 다양하다. 대중교통도 발달되어 있지 않고 워낙 대지가 넓어서 차는 생활의 필수품이다 보니 연령이 빠르기도 하다. 미국시민인 18세 이하의 십대가 처음 운전면허를 따려면, 허가증(a learner's permit)을 먼저 따야 한다. 이 허가증을 받아야 운전 면허를 딸 수 있는 자격이 생기는 것이다. 교실 운전교육(classroom driver's education)을 30시간정도 받아서 6시간 정도의 운전실기 훈련(behind the wheel training)을 받고 운전 필기 시험을 통과해야 하는데 이것도 주마다 다르다. 16세에 제한적 면허증(restricted license)을 받을 수 있는데 이 경우에는 정해진 시간 동안만 운전할 수 있고 승객을 태울 수 없다.

미국은 도로를 지칭하는 용어가 많고 표지판에 많이 나오기 때문에 길찾기를 잘하기 위해서는 알아놓는 것이 좋다.

- **boulevard(Blvd)** 가로수가 양쪽에 있는 2차선 정도의 넓은 다차선 도로
- **drive(Dr)** 작은 길로 주로 공원, 주택가의 구불한 차도
- **street(St)** 인도와 건물이 양쪽에 있는 길로 주로 동서로 연결된 길을 말한다.
- **avenue(Ave)** street과 같은 도로지만 약간 더 넓은 번화한 거리로 주로 조경이 되어있는 직선 길이다. 주로 남북으로 연결된 길을 말한다. 뉴욕 맨하튼은 블록형으로 잘 구획된 도시라서 가로로 지르는 동서의 길은 street, 남북으로 가로지르는 세로의 길은 Avenue라고 한다. 이 개념에 익숙해지면 맨하튼에서 길을 잃을리가 없다.
- **lane(Ln)** 작은 도로, 좁은 길
- **road(Rd)** 넓은 도로이지만 속도가 낮고 자전거나 사람들이 옆에 통행하는 도로
- **crosswalk** 횡단보도
- **curve** 도로의 커브길
- **curb(kerb)** 도로의 연석

- **driveway** 사유지 진입로(도로에서 집 앞이나 차고로 이어지는 작은 사유지 도로)

- **exit** 고속도로 출구도로 Exit only라고 적힌 도로는 무조건 빠져나가도록 되어 있는 출구도로이므로 나가지 않으려면 차로를 변경해야 한다.
- **freeway** 교차로가 없는 안전한 고속도로. controlled-access highway나 express highway라고도 한다.
- **highway** 시티와 타운 사이의 장거리를 연결해주는 간선도로: 모든 freeways 는 highways이지만 반대는 아니다. freeways는 속도가 엄청 빠르고 연결도로 가 없지만 highways는 차량이 많이 다녀도 지방 국도로 연결되는 도로들이 많 다. 속도제한(speed limit)도 highway는 있지만 freeway는 없는 경우가 많다. 속도가 너무 빨라서 속도제한도 없으니 freeways에는 신호등도 없고, 길을 건 널 수도 없어서 육교나 고가도로(overpass), 지하도로나 지하차도(underpass) 가 있기는 하다.
- **turnpike** 유료 고속도로, 돈 내는(toll) 고속도로
- **intersection** 4거리 교차로
- **railroad** 철로
- **ramp** 높이가 다른 두 도로를 연결해주는 경사로
- **roundabout** 로터리, 회전교차로

• **route** 미국의 고속도로 번호 시스템: 넓은 미국의 국토에 자동차 시대를 맞이하며 미국 전역을 연결하는 모든 도로 체계에 번호를 매겨 편리하게 이용하기 시작하였다.

Route 66은 아마 미국에서 가장 유명한 고속도로이다. 시카고에서 시작되어 세인트 루이스, 로스엔젤레스 까지 이어주는 도로였고 미국 최초의 고속도로였으나 현재는 도로는 없어지고 역사유적지처럼 몇 장소만 남아 있다고 한다. 미국 서부여행의 경험이 있는 사람들은 Route 66이라고 쓰여진 관광기념품을 많이 봤을 것이다. 영화, 책, 잡지, 예술품, 팝송 등에 많이 등장할 정도로 미국의 역사와 관련이 깊은 고속도로이다.

- **sidewalk**(미국)/**pavement**(영국) 인도, 보도
- **stop sign** 정지표지: 미국에서 가장 주의해야 할 교통규칙이다. 주로신호가 없는 작은 길에는 다른 길과 만나는 교차점에 무조건 이 표지판이 있고 반드시 지켜서 잠시 세워야 한다. 한국에서 운전할 때에는 워낙 차도 많고 흐름을 따르는 것이 관례처럼 되어있어서 서행하다가 사람 없으면 바로 가는 식의 운전을 한다. 그러나 외국에서는 반드시 완전히 세웠다가 다시 출발해야 한다. 앞차가 갔기 때문에 바로 따라서 꼬리 물어 가면 되겠지라고 안일하게 생각하면 없었던 경찰차가 갑자기 나타나서 엄청난 벌금을 물리게 된다. 일반적으로 완전 멈추고 나서 3초후에 출발하라고 권장한다.

- **traffic lights / stop lights** 교통신호등

6 백업하기

ETHAN   What are you doing?

RENEE   Well I don't...have a bathing suit. So _____.

                                      ❶ 즉석에서 만들어야죠.

   _____, because... _____, and

   ❷ 수영복 보다 더 섹시해요   ❸ 예상 밖이잖아요/ 신선하지요

   you can like see most of my butt.

ETHAN   Wait, are you entering the bikini contest?

RENEE   Yeah!

ETHAN   No!

RENEE   It's five hundred bucks to the winner. Did you see the sign?

ETHAN   Yeah, but I think _____. And then

           ❹ 아마 온라인으로 사전등록 해야했을거에요.

   there's the issue of the non-regulation bikini. Honestly, that Latin
   rhythm night...

RENEE   Oh wait, I see what's going on. _____

                                  ❺ 다른 남자들이 날 보고 온통 침

   _____.

   흘릴까봐 걱정이군요

RENEE   Oh my God, _____. But don't worry, okay. I'm here with

           ❻ 다정하기도 하지

   you. I came with you. And I'm leaving with you.   But I do need your
   help with something. Now what do you think? Shoe on or shoe off?
   This is off.

ETHAN   Right.

RENEE   This is me with it on. This is like barefoot-hippie she doesn't care
   or...

Let's Match

1) 스트레스 받을 수 있으니 •

2) 부담을 덜어주다 •

3) 내가 얼마나 기다려야 해요? •

4) 나 데리고 데이트 해요 •

5) 생각만큼 나쁘지 않아 •

6) 나도 그랬었지 •

7) 당신이 편한 한은 •

8) 즉석에서 해야해요 •

9) 예상못할 만한 거죠 •

10) 무슨 일인지 알겠네 •

• A) I have to improvise

• B) It's like unexpected.

• C) I used to be

• D) can be stressful

• E) take that pressure off you

• F) How long should I wait to call?

• G) You're taking me out.

• H) not as bad as what I thought

• I) I see what's going on.

• J) as long as you're comfortable

Happening **14**

The bikini contest

1 Storyboard

르네가 마무리하고 나오기 전에 비키니쇼를 주관하던 남자가 이든에게 대화를 거는데, 르네의 남자친구라고 생각했기 때문에 좋은 말을 해주려고 하는 것 같다. 르네를 칭찬하며 저런 여성이 현실성 있는 최고의 여자 친구라고 치켜세워준다. 여자친구가 아니라 첫 데이트일 뿐이라고 변명하지만 이든도 르네의 매력에 빠진 듯 보인다. 우승하지 못했는데도 전혀 실망하지 않고 당당하게 자신이 그 순간을 즐겼다는 사실에 만족하는 르네의 모습에 이든은 정말로 반하게 된다.

2 피가되고 살이되는 문화팁

● **Shark Tank**

ABC 방송국에서 2009년부터 방송된 비즈니스 관련 리얼리티 TV시리즈물이다. 2001년 일본에서 시작된 Dragon's Den이라는 프로그램의 미국판 프랜차이즈 작품이다. 창업을 원하는 사람들이 다양한 분야에서 성공한 다섯 명의 백만장자 앞에서 자신의 아이디어와 제품을 소개하고 사업을 설명하면 투자가들이 각자 액수를 정해서 투자를 결정한다. 물론 투자가치가 없는 제품에 대해서는 "I'm out"이라고 외치며 투자를 안 할 수도 있다. 온갖 분야의 다양한 제품들이 소개되고 실제 이 프로그램을 통해서 출시된 제품들이 아마존 등에서 판매되고 있고 많은 성공을 거두고 있다.

● **Antiques Roadshow**

PBS방송국에서 방송된 TV프로그램으로 국내의 진품명품과 비슷하다. 개인이 갖고 있던 오래된 물건이나 예술품의 가치가 얼마나 되는지 전문가들의 감정을 받는 과정을 보여주는 방송이다. 1979년에 영국 BBC방송국에서 방영했던 동일 제목의 프로그램을 바탕으로 만들어져서 미국에서 1997년에 방영되었다. 시청자 중심의 관객위주 방송이며 우리 주변의 물건들이 나오고 그 물건과 사람이 겪은 진솔하고 담백한 삶의 스토리에 대한 방송이라 굉장히 인기가 높아서 월요일 8시 프라임 타임에 방영된다. 미국 전역을 돌면서 촬영하므로 미국의 지방색, 역사, 일상을 배울 수가 있는 프로그램 이기도 하다.

참조:http://monthly.chosun.com/client/news/viw.asp?nNewsNumb=200509100051

● **Store Credit**

상점 점수(store credits)는 국내의 카드 회사의 포인트와 같은 개념으로, 가게에서 현금처럼 사용될 수 있는 적립금 점수를 말한다. 미국의 대부분 가게에서는 영수증이 있으면 교환이나 환불을 수월하게 해주는데, 영수증이 없거나 상표(sales tag/price tag)를 떼어 냈다면, 회사의 규정에 따라 돈으로 주지 않고 나중에 그 상점에서 물건을 살 수 있는 상점점수를 준다. 이 영화에서 르네가 비키니 콘테스트에 출전했을 때 자기소개를 하면서 이 표현을 쓰고 있다. 영수증 없이 시간이 경과한 후에 물건을 환불하거나 교환하려고 하는 것이 부끄러운 일은 아니지만, 거리가 멀거나 혹은 절차가 귀찮거나 남을 번거롭게 하는 등 쉽게 안 하려고 하는 일이므로 이런 일을 두려워하지 않고 당차게 하는 자신의 모습을 어 필하는 것이다.

영어사용 국가에서 크레딧이라는 말은 다양한 상황에서 사용되므로 알아두는게 좋다. 먼저 신용카드(credit card)에서 크레딧은 외상을 받을 받을 수 있는 신용 을 말한다. 여기서 파생되는 의미로 신용점수(Credit score)가 있는데 은행과의 거래, 자동차 할부 구매, 핸드폰 할부계약, 주택 담보, 신용카드 발급이나 사 용 등등 경제적인 분야에서 갖게되는 점수라고 볼 수 있다. 신용점수는 빚이 얼 마나 있으며 얼마나 갚고 있느냐(payment history)가 중요한 비율을 차지 하고 있어서 연체가 있지 않도록 지불만기일(due date)을 지키도록 조심해야 한다.

대학교에서 학업을 이수하면서 얻게 되는 학점(credit)의 의미도 있고, 영화가 끝난 후에 영화의 제작에 참여한 배우, 제작자들과 스태프들의 이름이 쫙 올라 가는 것을 엔딩 크레딧 (closing credit/credits)이라고 한다.

● **rehab**

재활원(rehabilitation) 의 약자로 사고나 질병으로 인한 신체의 회복을 위해 물 리치료 등을 시행하는 재활병원의 뜻이 일차적 의미이다. 이차적 의미로는 정신 적 문제로 부터의 회복을 위한 재활원의 의미가 있어서 술이나 약물중독을 치료 하고자 하는 목적으로 세워진 기관이나 그 과정을 말한다. 이 영화속에서 백스테 이지를 언급하면서 "it usually leads to rehab"라고 하는데, 재활원으로 통하는 장소라고 말해 흥분을 가라앉히고 재정신을 차리게 하는 장소라는 의미이다.

● **podcast**

팟캐스트는 자신이 원하는 콘텐츠의 프로그램을 스마트폰이나 MP3 플레이어 를 통해 구독하면 실시간으로 듣지 못해도 언제 어디서든지 청취할 수 있는 라디 오 프로그램 서비스다. 이 영화속에서는 "I didn't ask for a podcast."라고 하 면서 세부적인 설명을 요청한게 아니라는 의미로 사용되었다.

진짜 실망 안 했어요?

	힌트	**You're ~**
MOVIE	영화 속 표현	**You're really not upset?**
&	또 다른 표현	**Are you okay?** **You're really not angry?**

1. 훨씬 잘 됐어요.

2. 이 가게에서 준대요.

3. 타이어가 펑크났어요.

4. 저런 건 처음 봤어요.

5. 이제 투표 집계를 하겠습니다.

4 원어민 따라잡기

1 **either way** 어쨌든, 어느 쪽이든

상황에 따라서 약간 다르게 해석되는데, 우선 무언가를 언급했을 때 정확한 정보가 없어서 얼버무릴 때 사용할 수 있다. 비슷한 맥락으로 결정을 해야하는 상황에서 어떤 쪽을 선택하든 결과가 크게 변하지 않을 때 사용한다. 이 두 경우에선 'anyway'라는 의미와 비슷하게 해석할 수 있다. 또 다른 상황은 부탁이나 요청을 했을 때 부담을 주지 않기 위해 사용하는 것으로 부탁한 것에 대해 '되든 안되든' 이라는 의미를 가진다.

example

- **Either way you can leave our stupid office in about 10 seconds.**
  어쨌든 당신은 10초 안에 출발할 수 있을 거예요.　　　　　　　(I feel pretty 교재 p44)
- **Either way, your lady killed it tonight.**
  어쨌든, 당신 친구 오늘 끝내 줬어요.　　　　　　　　　　　(I feel pretty 교재 p164)

2 **I won't ~** ~안 할거다

'won't'는 'will not'의 축약형으로 그런 일이 없을 거라는 의미로 앞으로의 일을 언급하거나, 그런 일을 하지 않겠다는 화자의 의지를 나타낼 때 쓰는 표현이다.

example

- **I won't get into... all of it.**
  깊이 생각 안 할래요.　　　　　　　　　　　　　　　　　(I feel pretty 교재 p166)
- **I won't hold it against you.**
  뭐라 하는 건 아니에요.　　　　　　　　　　　　　　　　(I feel pretty 교재 p286)
- **I won't hurt you.**
  해치지 않을게.

3 **I feel like ~** ~인 것 같다 / ~같은 생각이 든다

'feel like'는 뒤에 오는 단어의 형태에 따라 뜻이 크게 두 가지로 나누어진다. 'feel like + 명사/문장' 의 형태는 '~인 것 같다'라는 의미로 쓰이고 'feel like + 동명사'의 형태는 '~하고 싶다'라는 의미로 쓰인다. 그러나 형태에 따라서 반드시 하나로만 해석해야 되는 것은 아니기 때문에 맥락에 따라 알맞은 의미를 사용해야 한다.

example

- **I feel like I did win.**
  전 제가 우승한 거 같아요.　　　　　　　　　　　　　　　(I feel pretty 교재 p168)
- **You know what I feel like we could use some more drinks.**
  술이 더 필요할거 같은데.　　　　　　　　　　　　　　　(I feel pretty 교재 p228)
- **I feel like I actually do know.**
  진짜 알 것 같아요.　　　　　　　　　　　　　　　　　　(I feel pretty 교재 p246)
- **I feel like eating ice cream.**
  나 아이스크림 먹고 싶어.

4 should have p.p ~했어야 했다

기본적으로 의무를 나타내는 조동사 'should' 에 'have p.p' 형태가 나오면 과거의 의무를 나타내는 표현이 된다. 특히 과거의 의무를 하지 않은 것에 대해서 혹은 한 것에 대해서 후회나 아쉬움을 나타낼 때 사용한다.

example

- **You should have won, you were ripped off.**
  당신이 우승이어야 했는데, 뺏긴거죠.   (I feel pretty 교재 p168)
- **You should have told me.**
  넌 그걸 나한테 말했어야 했어.   (미드 Game of Thrones)
- **You should have never dated her.**
  넌 그녀와 데이트하지 않았어야 했어.   (미드 The Flash)

5 I've earned this 그럴 만 해 / 받을만 해

여태껏 계속 노력해 온 것에 대한 결과로 얻는다는 의미를 가지고 있기 때문에 현재완료의 형태로 많이 사용하지만, 과거시제를 써도 의미상 차이는 크지 않다. 비슷한 표현으로는 'You deserve it.'을 쓸 수 있다. '그래도 싸다, 쌤통이다'와 같이 나쁜 경우에도 사용한다.

example

- **I think I've earned this.**
  이거 마실 정도는 되는 것 같네요.   (I feel pretty 교재 p168)
- **Now get some sleep. You've earned it.**
  이제 눈 좀 붙여, 넌 그럴 만 해.   (소설 The Lost Symbol)

6 handle oneself in ~ ~을 스스로 해결하다/처리하다

본래 손으로 물건을 만지다, 일을 처리하다, 문제를 다루다 등의 의미를 포함하고 있는 'handle' 은 'oneself' 와 함께 써서 스스로 뭔가 일을 처리하고 헤쳐나가다라는 뜻으로 사용된다. 'oneself' 대신 'on one's own' 을 쓸 수도 있다.

example

- **Your girl can handle herself in a knife fight.**
  칼싸움이 벌어져도 해결할 수 있을 거예요.   (I feel pretty 교재 p164)
- **Too weak to handle myself out there, huh Mother?**
  제가 스스로 앞가림을 하기엔 너무 약하다는 말이에요, 엄마?   (영화 Tangled)

5 시츄에이션 시뮬레이션

친목을 위한 모임이나 자리에서 혹은 개인적인 인간관계에서 자기 자신을 소개하는 상황은 흔하게 접할 수 있고 그다지 긴장되지 않는 상황이라고 할 수 있다. 그러나 일자리를 위한 면접이나 공식적인 자리에서의 자기 소개를 할 때는 개인적이고 사교적인 상황과는 다르다. 특히 직장면접에서는 자기소개를 하라는 "Tell me about yourself"라는 질문에 사적인 자리에서 소개할 일반적인 내용을 말하는 것은 바람직하지 않다. 직장면접에서는 주로 당사자의 직업적이거나 전문가적인 소개(professional self)를 듣고자 이런 질문을 한다.

- **If you are a recent college graduate, highlight internships, hobbies, or college projects that relate to the job.**
  만일 당신이 대학을 막 졸업했다면, 일과 관련된 인턴쉽, 취미, 대학 프로젝트를 강조하세요.

- **If you are making a career switch, highlight your positive attributes and transferable skills.**
  만일 당신이 이직을 준비하고 있다면, 긍정적인 자질과 전이가능한 기술을 강조하세요.

- **If you are looking to make the move to management, highlight specific examples of how you have motivated and led teams.**
  만일 당신이 경영진으로 이동하기를 바라고 있다면, 당신이 팀원들에게 어떻게 동기를 주었고 이끌었는지 특정한 예들을 강조하세요.

Sample introduction

Thank you for giving this wonderful opportunity to me to introduce myself to you. I am (Your Name). Currently, I am pursuing (or completed) B.B.M in Marketing at the (University Name), and I will be entering into final year of my graduation studies in the next couple of months. I am a self-motivated, and a disciplined soul. I am always keen to up-skill myself by learning new things whenever I get a chance. I have done my internship(s) / project(s) from this (these) company (ies), and my role(s) was (were)........ I am a certified resource in (certification names). My real strength is my attention to detail. I pride myself on my reputation for following through and meeting deadlines. When I commit to doing something, I make sure it gets done, and on time. What I am looking for now is a company that values customer relations, where I can join a strong team and have a positive impact on customer retention and sales.

참조: https://www.quora.com/What-is-the-best-self-introduction-to-attract-interviewer

근래에는 동서양 사회를 막론하고 스토리를 중시하는 경향이 커지고 있다. 한국에서 일반적으로 자기 소개를 한다면, 학력, 약력, 나이 등 사실만을 나열하는데 그친다. 사실은 이력서에 써 있으니 단순한 사실 보다는 면접관들에게 깊은 인상을 남길만한 나만의 스토리를 전달하는 것도 멋진 전략이다. 내가 어떤 일을 해왔는지, 어떤 목표를 가지고 있는지, 어떤 경험을 했었는지를 보여줄 간단하지만 멋진 스토리를 생각해 놓는 것이 좋다. 영화속에서 르네도 나는 자신만만해요, 나는 성격이 어때요 라고 직설적으로 말하는 것 보다 짧은 몇 문장의 스토리로 자신이 얼마나 과감하고 당찬 여성인가를 표현하고 있다.

백업하기

RENEE   Hello everyone, I am Renee! As advertised! Renee hails from the Long Island and she is a receptionist. Hola! Renee enjoys watching people trying to cover up their disappointment from their dreams being shattered on shows such as Antiques Road show and Shark Tank. And _____

❶ 르네는 가게 포인트로 환불하는 거 두려워하지 않아요.

Renee was kicked out not once, but twice from "a New Kids on the Block Concert" for crying too hard. Joey! Am I right? Joey! And although you ladies all seem super chill...I did not come here to make friends. Okay? DJ, hit it!

RENEE   Hey...

ETHAN   Hi. That was so great.

RENEE   Oh sorry, _____.

❷ 나때문에 젖었네요

ETHAN   Oh yeah, that's water, right?

RENEE   Yeah, it's just... I think it's water.

ETHAN   _____. I mean, it was

❸ 원하던 대로 되지 않아서 유감이에요.

awesome.

RENEE   Yeah. No, it didn't. _____.

❹ 훨씬 잘 되었어요.

ETHAN   What?

RENEE   We each get two free drinks and an appetizer!

ETHAN   _____.

❺ 그게 내가 바라던거에요.

RENEE   _____.

❻ 공짜래요./가게에서 제공하는거래요.

ETHAN   What are the parting gifts? I was looking at the coconut shrimp cause I didn't get any hot dog.

RENEE   _____.

❼ 잠깐 한눈팔면 핫도그를 잃어요.

ETHAN	You're really not upset?
RENEE	No, not really. I mean... _____.

❽ 이런 것들은 정치적인것 같아요.

ETHAN	Yeah.
RENEE	I won't get into...all of it. Mostly because I don't have any information but...
ETHAN	No, I can see a place this running kinda of a shady...
RENEE	Yeah.
RENEE	_____. _____. And you know

❾ 내가 이긴 것 같아요.　　❿ 관중이 열광했어요.

what, I know I look good. I don't need some like room of drunk guys to confirm that.

ETHAN	Can I be you when I grow up? _____

_____.　　⓫ 당신이 이겼어야 하는데, 당신은

빼앗겼어요.

영어 표현

❶ Renee is not afraid of returning things for store credit!

❷ I got you all wet.

❸ I'm sorry it didn't go the way you wanted it to.

❹ It went way better.

❺ That's what I was hoping.

❻ On the house.

❼ You snooze, you lose your hot dog.

❽ these things are so like political.

❾ I feel like I did win.

❿ The crowd was going crazy.

⓫ You should have won, you were ripped off.

Happening **15**

Dinner invitation

1 Storyboard

회사 구내식당에서 혼자 밥을 먹고 있던 르네에게 에이버리가 다가와 말을 건다. 새로 출시될 화장품 라인을 어떻게 마케팅할지 자신의 아이디어를 말하면서 르네의 반응을 알고 싶어한다. 그저그런 르네의 반응에 실망한 에이버리에게 르네는 명료하면서도 타당한 의견을 내놓는데, 에이버리는 그 의견이 마음에 쏙 든다. 르네가 좋은 의견을 줄 수 있을 것으로 생각하고 르네와 시간을 보내려고 가족 식사에 초대하게 된다.

2 피가되고 살이되는 문화팁

근래에 한국의 대표적 이미지 중에 여성들의 좋은 피부와 피부에 대한 관심, 화장품이 단연 압도적이다. 외국인들은 한국 여성의 피부에 대한 관심과 정성, 관리법에 대해 무척 궁금해 한다. 국내 화장품 산업이 꾸준히 발전하는 이유이기도 하며 대표적인 관광기념 상품이라고 할 수 있다.

화장품(cosmetics/ makeup)에 관한 용어는 관심이 많이 갈뿐만 아니라 많이 사용하게 된다. 화장품에 익숙한 사람들은 이미 화장품의 영어단어에 익숙한 경우도 많지만, 국내에서 영어라고 착각하고 사용하는 용어가 많으니 제대로 알아두는게 좋다. 기념품이나 선물로도 많이 구매하게 되므로 기본적인 용어를 알아두자.

- **a dedicated makeup counter with a specialist**

  dedicated가 붙으면 '~전용의' 라는 뜻이 된다. 화장품샵을 가게 되면 많은 제품을 늘어놓아서 소비자들이 볼 수 있게 해놓지만 그 중에서도 전용 메이크업 카운터는 메이크업 아티스트 같은 화장 전문가가 와서 시범화장을 할 수 있는 곳이다.

- **toner** 국내에서는 세면 후에 바로 바르는 액체를 스킨이라고 쓰고 영어라고 생각하지만 잘못된 것이다. 토너가 맞는 영어 표현이고 로션(lotion), 에멀전(emulsions), 크림(cream)은 영어도 똑같다. 이런 종류의 화장품을 통칭해서 수분보습제(moisturizer)라고도 한다. 반면 에센스는 영어가 아니라서 못 알아듣고, 세럼(serum)이라고 한다.

- **sun screen/ sun block** 국내에서는 선크림으로 말하지만 sun screen이나 sun block을 많이 사용한다.

- **blush/ blusher/blush powder** 광대뼈(cheekbones) 주변에 색을 입혀서 젊고 생기있고 발그레하게 만드는 화장품

- **face powder** 파운데이션(foundations)으로 얼굴전체에 바른 후에 바르는 가루로 된 파우더 화장품으로 파운데이션을 잘 고정하고 얼굴을 보송하고 매트하게(matte) 해준다.

- **contour powder/cream** contour는 윤곽선의 뜻이다. 얼굴을 좀더 가늘고 작아 보이게 하기 위해서 음영을 주는 화장품을 통칭한다.

- **highlighter** 얼굴에 높이 솟은 부분을 부각시키거나 더 밝게 만들어 주고 얼굴 전체를 빛나게(glow) 해주는 화장품

- **bronzer** 광대, 이마, 코, 뺨 등을 태닝(tan)한 것처럼 건강하게 보이도록 만들어주는 화장품. 백인들 중에는 너무 하얗고 투명한 피부를 싫어하는 사람도 많다. 활기가 없어 보이고 건물 구석에 박혀서 휴가도 못 가는 것 같은 인상을 준다고 생각하기도 한다. 하얗게 보이도록 미백(whitening) 화장품을 좋아하는 동양여성들과는 사뭇 다르다.

- **setting spray** 화장을 공들여서 해놔도 시간이 지나면 지워지거나 무너져내리는게 다반사인데, 화장을 다한 후에 고정 스프레이를 뿌리면 오랜 기간 깔끔하게 지속된다.

- **primer** 원래 프라이머의 뜻은 '입문서, 기초서, 밑칠' 이라는 뜻이다. 기초를 다진다는 의미이므로 색조 화장을 하기 전에 바르면 색을 고정시켜서 변색되지 않고 지워지지 않도록 유지시켜준다. 얼굴 전체에 쓰는 프라이머도 있고 쉐도우 전에 사용하는 눈에만 바르는 eye primer도 있다.

- **eyelash curler** 속눈썹을 말아올려(curl up) 고정시키는 화장도구로 국내에는 뷰러라는 말로 많이 쓰여서 영어라고 알고있지만, 일본어에서 유래된 단어이다. 영어로는 eyelash curler라고 해야 알아듣는다.

- **false/fake/extension eyelashes** 서양인이라고 모두 풍성한 속눈썹을 자랑하는 것은 아니다. 속눈썹 양이 적거나 색이 옅어서 인조속눈썹을 많이 붙인다. 인조속눈썹을 붙이는 풀은 eyelash adhesive/glue라고 한다.

- **eyebrow gel** 눈썹을 그릴 때는 눈썹연필(eyebrow pencil)을 많이 사용하지만, eyebrow gel 이라고 하는 마스카라 처럼 생긴 눈썹화장품도 많이 쓴다. 색도 입힐 뿐 아니라 눈썹 모양도 고정시켜 주기 때문에 많이 사용된다. 국내에서는 눈썹마스카라라고 많이 부르지만 영어로는 eyebrow gel이다.

- **nail polish** 국내에서는 매니큐어(manicure)라고 잘못 사용되고 있는데, 매니큐어는 네일샵(nail salon)에서 전문가를 통해 손과 손톱을 관리 받는 것을 말하

고 발과 발톱관리를 받는 것을 패디큐어(pedicure)라고 한다. 손톱에 바르는 화장품은 네일 폴리쉬라고 하고 지우는 것을 nail polish remover라고 한다.

- **Bergdorfs** 미국의 유명 최고급 백화점이다. Bergdorfs는 원래 Bergdorf Goodman이 정식 이름이고, 뉴욕 5번가에 본점이 있다. Saks Fifth Avenue, Barney's and New York, Neiman Marcus 같은 곳이 최고급 백화점이라고들 하고 명품 브랜드를 많이 볼 수있다.

- **Bloomingdale** 중고급 정도의 백화점으로 분류될 수 있다. Macy's, Nordstrom 같은 백화점들이 같은 부류에 속하고 체인의 규모도 크며 미국 중산층들이 가장 많이 이용한다. JC Penny, Sears 등의 백화점은 서민들 대상의 저가형 상품을 많이 파는 백화점이다. 미국의 백화점은 하나만 있지 않고 2개 이상의 백화점이 대형 건물에 분류되어 동시에 있는 경우가 많다. 이렇게 모여 있어도 브랜드와 가격이 다양한 상품들이 백화점 마다 다르게 입점 되어 있기 때문에 오히려 판매 효과를 높일 수 있다고 한다.

3 영어로 말해보기

뭐 좀 물어봐도 돼?

힌트	**ask**	
영화 속 표현	**Can I ask you something?**	
또 다른 표현	**Can I ask you a question?** **May I ask you something?**	

1. 정말 대단하네요.

2. 정말 걱정돼 죽겠단 말이야.

3. 그들은 별로예요.

4. 시도해보는 것조차도 시간낭비죠.

5. 전혀 몰랐는데요.

원어민 따라잡기

1 **You seem ~** ~처럼 보인다

이 표현은 주로 말하는 사람의 주관적인 느낌을 표현할 때 사용하는 것이다. 뒤에 형용사나 명사가 올 수도 있는 데 이 때는 'You look~'도 같은 의미로 사용할 수 있다. 그러나 'You look~'은 외관상 보이는 것에 대해 표현할 때 사용한다. 또, 동작을 나타낼 때는 'to 부정사'를 사용하며 접속사 that을 사용해 문장을 쓸 수도 있다.

> **example**

- **You seem to have such great insight about our Diffusion Line earlier.**
  저번에 보급형 라인에 준 의견이 아주 좋았거든.   (I feel pretty 교재 p.170)
- **You seem very quiet today.**
  오늘 너 정말 조용한 것 같다.   (from Cambridge Dictionary)

2 **get something right/wrong** ~을 잘하다 / 잘못하다

상황이 잘되거나 잘못되다라는 의미도 있고, 상황이나 말을 잘 이해하거나 잘못 이해했다는 의미로도 사용되기 때문에 맥락에 맞게 알맞게 해석해야 한다. 'get'이라는 동사를 사용하여 그 상황이 되었다라는 상태 변화의 의미가 내포되어 있다.

> **example**

- **I just really want to make sure I get everything right.**
  내가 정말 모든 걸 제대로 준비했는지 꼭 확인하고 싶어.   (I feel pretty 교재 p.170)
- **Most luxury brands get it so wrong when they try to make a Diffusion Line.**
  고급 브랜드들은 보급형 라인을 만들 때 잘못 접근하는 거 같아요.   (I feel pretty 교재 p.208)

3 **make someone feel ~** ~느끼게 해요

영향을 주거나 자극을 하거나 영감을 주는 등 누군가에게 다양한 감정을 불러일으킨다는 의미로 사용한다. make가 사역동사로 '~하게 한다'라는 뜻을 가지는데 여기서는 어떠한 감정을 느끼게 한다는 표현이 된다.

> **example**

- **They just make you feel bad about yourself.**
  스스로 더 초라하게 느끼게 되죠.   (I feel pretty 교재 p.172)
- **It makes them feel bad about themselves.**
  제 친구들이 스스로 초라하다고 느낀다는 거예요.   (I feel pretty 교재 p.172)
- **It just makes me feel really, I don't know, close to you.**
  그리고 바로 그런 것 때문에 당신이 정말 가깝게 느껴져요.   (I feel pretty 교재 p.184)

4 **I could (ever) ~** (지금껏) ~할 수 있었다

'could'는 'can'의 과거 형태로 과거 시점의 능력이나 가능성을 표현할 때 사용할 수 있다. 'ever' 는 '지금까지'라는 의미로 과거의 삶 전체를 범위로 하는 경우에는 현재 완료와 함께 쓰이고, 과거 어느 범위로 한정할 수 있다. 소개하고 있는 표현에서는 이 두가지의 의미가 합쳐서 '과거 어느 순간에 ~해 볼 수 있었던'이라고 해석한다.

example

- **I couldn't get the red vomit stain out of it.**
  토한 붉은색 얼룩은 결국 못 지웠어요. (I feel pretty 교재 p.100)
- **I could take another whack at it if you want.**
  좀 그러시면 한 번 더 세탁 해볼게요. (I feel pretty 교재 p.100)
- **You're everything I could ever want to be.**
  제 워너비예요. (I feel pretty 교재 p.174)

5 **sound like ~** ~처럼 들린다

누군가가 말하는 것처럼 들리거나 어떠한 소리 처럼 들릴 때 혹은 어떠한 소리를 다른 소리로 착각 할 때 등의 상황에서 사용하는 표현이다. 어떠한 행위나 상황 속에서 착각을 하거나 특정 행동으로 보여 지는 것과 같은 상황이나 행동의 상태를 나타내기도 한다.

example

- **I sound like a freaking moron.**
  끔찍한 바보 얼간이 같은 목소리야. (I feel pretty 교재 p.174)
- **It sounds like you've got a sore throat.**
  목이 쉰 것 같네. (from Cambridge Dictionary)

6 **I've got** (학위) 학위를 취득했다.

'get'은 다양한 뜻으로 쓰일 수 있는데 이 표현에서는 '얻다, 취득하다'의 의미를 가진다. 따라서 학 위를 취득했다고 해석할 수 있고 시제에 따라서 학위를 취득 중인지 취득을 하고 난 후인지 알 수 있 다. 'I'm getting ~'이라고 쓰이면 학위를 취득하려고 공부하고 있다는 뜻이며 'I've got'이라고 쓰이 면 학위를 취득해 석/박사 자격을 가지고 있다는 뜻이 된다. 'get' 대신에 'take / obtain / receive' 를 사용할 수 있다.

example

- **I've got a JD/MBA from Wharton.**
  난 와튼에서 법학 박사랑 경영학 석사도 받았어. (I feel pretty 교재 p.174)
- **He is getting a PhD degree in business administration.**
  그는 경영관리학 박사 과정에 있다. (from wordreference)

5 시츄에이션 시뮬레이션

미국은 한국과 달리 법원과 법률이 상당히 시민에게 가까운 문화라고 할 수 있다. 교통위반을 했거나 여러 가지 과태료 때문에 일반 시민이 법원에 가서 판결을 받거나 벌점과 벌금을 조정하는 일이 흔하다. 또 다른 예를 들면 미국의 시민은 배심원제도(Jury duty)에 의해서 통지를 받으면 의무적으로 수행해야 한다. 미국 헌법 6조에 의해 배심원은 시민에게 주어진 권리이고 의무이다. 18세 이상의 미국 시민 중에 범죄 경력이 없는 사람은 누구나 배심원으로 선발될 수 있고 선발되어 통지를 받게 되면 절대 무시해서는 안 된다. 법정 모독죄가 적용되어 벌금형이나 감옥에 갈 수도 있기 때문이다. 적절한 사유가 있을 시에는 해당 법원에 이유를 적어 우편이나 이메일로 알려서 면제받아야 한다. 국민의 의무이기 때문에 직장에서도 배심원으로 선정되었다고 하면 당연히 인정해 준다. 에이버리가 대법원 판사의 사무관 일을 했었다고 하는 장면에서도 보면 법 관련 일을 하는 것을 자랑으로 여기는 것을 알 수 있다. 이렇게 법과 친근한 문화이다 보니 영어 표현에서도 법률과 관련된 숙어표현이 많으니 알아두자.

1. **with no strings attached** 어떤 보답이나 조건, 의무없이
2. **turn a blind eye to** 잘못되거나 의심스러운 행동을 하는 사람을 봤지만 어떤 것도 못본척 하는 것
   ex) He turned a blind eye to the dying dog that had been crossing the street and got hit by a car.
   그는 길을 건너다가 차에 치인 죽어가는 강아지를 못본척 했다.
3. **null and void** 어떤 것이 취소되고 무효화 되었다는 의미
   ex) The court case against the company was null and void.
   그 회사를 상대로한 법정소송은 취소되었다.
4. **legal age** 법정 연령. 투표권을 가지고 운전을 할 수 있으며 술마시고 담배를 사고 도박을 할 수 있는 나이를 말한다.
5. **Invasion of privacy** 사생활 침해
6. **grace period** 벌금을 지불해야하는 유효기간이 지난 직후에 갖게 되는 유예 기간

ex) The company was kind enough to give us a 30-day grace period to pay our credit card bill.

회사가 너무 좋아서 우리가 신용카드 요금을 지불할 수 있도록 30일의 유예기간을 주었다.

7. cease and desist 정지명령, 즉각 중지하고 다시 시작할 수도 없음을 알리는 법적 통지

8. Contempt of Court 법정모독. 법원 규칙을 위반하거나 법원 과정을 무시하거나 혹은 판사를 모독하면 받게 된다.

9. ball and chain 옛날에 죄수가 감옥에 갇히면 발목에 채우는 사슬에 쇠구슬이 달린 족쇄. 현재는 속어로 배우자나 아내의 의미와 족쇄같이 괴롭히는 의무나 짐스러운 일을 말한다.

ex) I'd love to go to the game with you, but let me check with the ol'ball and chain - she may have plans for later in the afternoon.

너랑 게임하러 가고 싶지만 아내한테 확인좀 해볼게 - 그녀가 오후에 다른 계획이 있을 지도 몰라.

10. Open-and-Shut Case 간단하게 해결할 수 있는 사건이나 소송, 복잡하지 않고 단순한 문제

11. take the fifth 법정에서 자신에게 불리할 수도 있는 답변을 거부하다는 의미로 묵비권을 행사하다는 뜻.

A : Did you spend last night partying instead of finishing the assignment? My friend said she saw you at the bar.

과제를 끝내는 대신에 어젯 밤에 파티했지? 내 친구가 바에서 너를 봤대.

B : I'll take the fifth.

묵비권을 행사하지.

참조: https://owlcation.com/humanities/15-Legal-or-Law-Idioms-Explained-to-English-as-a-Second-Language-Learners
https://7esl.com/law-idioms/

AVERY No _____, because

❶ 너 생각에 이게 정말 별로인 아이디어면, 제발 알려줘

_____.

❷ 정말 걱정되어서 미칠 지경이야.

RENEE From what I can gather, just, you know, from my friends. Those professionals at the makeup counter are actually a deterrent. There's these like beautiful statuesque women just staring at you, with your pimples and your asymmetrical face and _____

❸ 그들은

_____. _____

스스로를 초라하게 느끼게 만들어줘요.   ❹ 제 말은, 그게 그들 스스로를

_____. _____ to

비참하게 느끼게 만든다고요   ❺ 그래서 평범한 여자들이 몰려가는 거에요.

the anonymous aisles of a big super store.

So they can just go in and buy their makeup without somebody standing there, _____.

❻ 그들이 충분치 않은 것처럼 느끼게 만들어요
/그들이 열등한 것처럼 느끼게 만들어요

_____.

❼ 심지어 시도하는 것도 시간낭비처럼 느끼게요.

❼ Like it's a waste of time to even try.
❻ making them, just feel like they're not good enough.
❺ That's why these regular girls flock
❹ I mean it makes them feel bad about themselves.
❸ they just make you feel bad about yourself.
❷ I am really freaking out about this whole thing.
❶ if you think it's a shitty idea, please tell me

Let's Match

1) 넌 통찰력이 있는 것 같아 •
2) 여기 도우러 왔어 •
3) 난 정말 확실히 하고 싶어 •
4) 모든 일을 제대로 하다 •
5) 난 정말 미칠 것 같아 •
6) 그들이 그냥 너를 기분 안좋게 해 •
7) 그래서 ~인거야. •
8) 그들은 만족스럽지 않다. (별로이다.) •
9) 이건 시간낭비이다 •
10) 난 전혀 눈치 못 챘는데 •

• A) I'm really freaking out
• B) They just make you feel bad
• C) I haven't noticed anything.
• D) get everything right
• E) That's why~
• F) you seem to have such great insight
• G) I'm here to help.
• H) I just really want to make sure
• I) It's a waste of time
• J) They're not good enough.

Happening **16**

Monitor your status

1 Storyboard

이든과 르네가 다시 만난다. 이든은 여성스런 운동으로 여겨지는 줌바운동을 하고 나왔는데 르네에게 그 사실을 숨기고 싶어한다. 르네는 금방 눈치채게 되고 솔직하게 이든에게 접근한다. 이든 역시 남자다움이라는 틀에 견주어 봤을 때 상당히 다른 자신의 모습 때문에 성장기부터 마음고생을 많이 한 것 같다. 공원에 함께 앉아서 서로를 알아가는 대화로 두 사람은 가까워져 간다.

피가되고 살이되는 문화팁

영화에서 에이브리가 르네를 가족 식사에 초대하면서 "You can bring your boyfriend or your girlfriend or however they identify."라고 한다. 성 (gender) 정체성은 아주 까다로운 문제인 만큼 편협한 시각으로 대화하는 것을 조심해야 한다. 어떤 사람을 만나든지 이성애자(straight)나 동성애자(gay)일 수 있기 때문이다. 여자처럼 멋을 엄청 부리고 패션, 쇼핑 등에 관심이 많다고 모두 동성애자라고 할 수 없다. 남성성을 유지하고 이성애자이면서도 쇼핑을 즐기고 패션과 외모에 관심이 많은 남성을 통칭하여 메트로섹슈얼(metrosexual)이라고 한다.

요즘도 많이 이슈화가 되고 있지만, 남성과 여성의 경계나 차별 같은 문제는 앞으로도 더욱 논란의 여지가 많을 것이다. 서양도 동양과 마찬가지로 남성과 여성에 대한 고정화된 이미지(stereotype)가 있고 이런 선입견이 깊이 자리 잡혀 있다. 영화에서도 줌바(zumba)가 여성성이 강한(feminine aspects) 스포츠라고 여성인 르네가 말하고 있다. 사실 춤의 본고장이기 때문에 서양에서는 춤에 대한 인식이 더 유연할 것 같지만 르네는 여성운동(female workout)이라는 말을 사용하고 있다. 이든도 삐쩍 마른 약골로 자라면서 남성성의 부족으로 많이 괴롭힘을 당한

듯이 보인다. Machismo는 "남자다움, 거친 남자의 과시"라는 뜻인데 이든은 이 단어와 관련된 모든 것을 싫어하고 오히려 여자들이 많이 다니는 곳을 선택한다고 했다. 서양이나 동양이나 어디든지 남녀의 차별이나 역할의 양분화로 고통받은 역사가 있는 것을 보면 유연한 사고를 가지는 것이 좋겠다.

르네가 예쁘고 날씬하지 못하다는 컴플렉스로 고통받듯이, 이든도 터프하고 남성답지 못하다는 컴플렉스를 가지고 있다. 완벽한 조건에 완벽한 신분의 에이브리도 찢어지는 하이톤의 목소리라는 컴플렉스로 고통을 호소한다. 누구에게나 단점과 약점은 있지만 나 스스로가 그 부분을 부각시키고 괴로워할 뿐 다른 사람들은 신경도 안 쓸 수 있는 것이다. 르네는 에이브리가 완벽한 선망의 대상이라고 생각하고 있고 목소리는 전혀 인식도 못하고 있었듯이 말이다.

외국에서는 동성끼리 손을 잡는 등의 신체적 접촉을 조심해야 한다. 한국은 정이 많은 정서가 있어서 신체적인 접촉이 일상화되어 있고 우리는 잘 인식하지 못하는 부분이다. 남자끼리도 어깨동무를 쉽게 하고 술자리 등 여러 명이 모인 장소에서 팔이나 다리를 무심코 만지는 경우도 많다. 여자 친구끼리 팔짱을 끼거나 손잡고 같이 화장실 가는 일은 흔히 볼 수 있는 일이나 외국에서는 절대 조심해야 한다.

어린아이의 경우도 마찬가지이다. 귀엽다고 만지거나 뽀뽀하는 것은 절대 금물이다. 사실 국내뿐만 아니라 어디서도 이제는 이런 문제에 민감하기 때문에 조심해야 한다. 미국은 개인주의 성향이 강하고 아동에 관련된 사항은 엄청나게 예쁘다고 머리를 쓰다듬고 껴안거나 하는 행동은 주변 사람들의 오해를 사서 경찰에 신고 당할 수도 있다. 하물며 아이도 이러니 성인 사이에서도 스킨십은 절대 조심하고 쌍방의 동의가 있어야만 가능하다.

3 영어로 말해보기

별 거 아니야.

힌트	deal
영화 속 표현	**Not a big deal.**
또 다른 표현	**It's not a big deal.** **It's no big deal.** **It's nothing.**

1. 어떻게 할 도리가 없다.

2. 안 해본게 없다. / 다 시도해 봤다.

3. 저녁 식사가 있을 거야.

4. 꼭 와주면 좋겠어.

5. 보면 아실 거예요.

6. 운동하고 있었어요.

6. I was working out.
5. You'll see.
4. I'd love for you to come.
3. There's a dinner coming up.
2. I've tried everything.
1. I can't kick it. | 영어 표현

아이필 프리티 자막없이 보기 **207**

4 원어민 따라잡기

1 **a hundred percent** 100퍼센트 확신해 /100퍼센트 확실히

확신하는 정도를 퍼센트로 표현하는 것으로 100퍼센트는 'completely'와 같은 의미를 지닌다. 확신의 정도에 따라서 숫자를 바꾸어 사용하기도 하고 구어체에서 'I'm sure'을 대체하여 흔하게 쓰이는 표현이다.

> example

- **RENEE: I want you to see me. You know?**
  날 봐줬으면 해요.
- **ETHAN: Oh yeah, no, a hundred percent. I'm definitely loving seeing you.**
  그럼요, 나야 100퍼센트 보고싶죠.   (I feel pretty 교재 p.188)

- **I am a hundred percent not the go to the gym to meet chicks guy.**
  여자꼬시려고 운동 다니고 그런 사람 절대 아니에요.   (I feel pretty 교재 p.178)
- **I'm not a hundred percent sure where she lives.**
  나는 그 여자가 어디에 살고 있는지 100퍼센트 확신할 수가 없어.   (from Longman Dictionary)

2 **by the way** 그건 그렇고 / 그런데 / 어쨌든

말하던 주제와 다른 새로운 주제를 말하거나 말하던 주제에 대해 더 많은 정보를 제공할 때 사용하는 표현으로 주로 문장 마지막에 사용한다. 이야기를 하면서 생각을 가다듬거나 쉴 때 중간에 끼어넣는 관용구이기도 하다.

> example

- **That's not real by the way.**
  근데 그렇다는 거지 실화는 아니에요.   (I feel pretty 교재 p.180)
- **Thanks for driving, by the way.**
  어쨌든, 태워다줘서 고마워.   (영화 The Edge of Seventeen)
- **By the way, honey, what's going on here?**
  근데, 자기야, 여기 왜 그래?   (미드 Lipstick Jungle)

3 **have p.p** (과거부터 현재까지) ~했어

기본적으로 현재완료 시제는 다양한 의미를 가지는데, 과거의 일이 완료되어서 그 상태가 그대로 유지되거나 과거에 시작한 일이 현재까지 지속이 되는 경우 사용된다. 또한 과거부터 현재까지 해 본 적이 있는 경험을 나타낼 때도 사용되는데, 과거의 일어났던 일이 현재와도 관련이 있거나 변하지 않을 때 쓰이는 표현이다.

> example

- **I have not logged into our account since our profile went live.**
  프로필 올리고 나서 아직까지 로그인 안 해봤어.   (I feel pretty 교재 p.100)
- **Where have you met the girls you've mostly dated.**
  데이트 할 때 주로 어디서 만났어요?   (I feel pretty 교재 p.182)

4 **that much** 그렇게 많이 / 그만큼

수량을 나타내는 표현에는 'many'와 'much'가 있는데, 수는 'many'로 양은 'much'로 수식한다. 이 때 앞에 'this, that'은 정도를 나타내는 부사처럼 사용되는데, 이미 정도에 관한 표현이 앞에서 언급되었다는 것을 암시한다.

example

- **I don't date that much.**
  데이트를 많이 안해봐서. (I feel pretty 교재 p.182)
- **You mean that much to me.**
  너는 내게 그만큼이나 중요해. (노래 You mean that much to me)

5 **neither do I** 나도 그래

상대방이 말한 부정의 문장에 대해 동의할 때 사용하는 표현이다. 동사의 형태에 따라서 'Neither am I' 로 써야하고 'Nor am/do I'도 같은 표현이다. 긍정의 문장에 대해 동의할 때는 'So am/do I'를 사용한다.

example

- **ETHAN: Well honestly I don't date that much.**
  글쎄, 솔직히 데이트를 많이 안해봐서.
- **RENEE: Well that's really weird. Cause neither do I.**
  희한하네요. 저도 그렇거든요. (I feel pretty 교재 p.182)

- **A: I hate snakes. I can't even look at a picture of a snake.**
  나는 뱀이 싫어. 뱀 사진도 못 보겠어.
- **B: Neither can I.**
  나도 그래. (Cambridge Dictionary)

6 **You're saying ~** ~라고 말하는거지

상대방이 한 말에 대해 단정적으로 일축시킬 때 사용하는 표현이다. 하지만 보통은 'Are you saying (that)~' 이라는 의문문으로 많이 쓰이며, 의문문으로 쓰일 때는 상대방의 말이 황당하거나 어이없을 때 되묻는 표현이 된다.

example

- **You're saying it' cause I said it.**
  그냥 맞장구 쳐주는 거잖아요. (I feel pretty 교재 p.182)
- **Are you saying my son's gonna end up working in a supermarket?**
  지금 내 아들이 결국 슈퍼마켓에서 일하게 될 거라고 말하는거야? (미드 Two and a Half Men)

시츄에이션 시뮬레이션

학창시절이 고통스러웠던지 즐거웠던지, 인기 많고 유명했었던지 아니면 존재감이 없었던지 상관없이 동창회(reunion)가 열릴 것이라고 초대받으면 고민하게 된다. 참석하게 되면 어떤 대화를 나누고, 어떻게 행동해야 할지 난감해서 미국 사람들도 인터넷에 이에 관한 질문도 올려놓고 답도 공유한다. 스트레스를 줄 수 있는 어색하고 까다로운 자리이긴 하지만 동창회가 많이 열리고 참석률이 높은 편이라고 한다.

아래 질문들을 살펴보면 어떻게 어색하지 않게 오랜만에 만난 친구들과 대화를 시작할 수 있는지 알 수 있다. 다니던 학교의 새로운 정보나 변화의 소식 같은 것이 공유할 수 있는 좋은 주제이다. 하지만 정치와 종교에 관련된 주제는 피하는 것이 좋다. 가볍고 재미있는 주제로 일관하고 과거 학창시절의 추억들을 나누는 것이 가장 유쾌할 것이다.

- **"Oh, wow. I haven't heard this song in so long. Totally brings me back to junior year."**
  와, 이 노래 오랜만에 들어 본다. 3학년 시절이 생각나게 해주네.
  : 동창회 파티에는 항상 당시의 향수를 일으킬 수 있는 음악들이 계속 나오게 되어 있으니 좋은 화제거리이다.

- **"I am starting to regret this pair of shoes."**
  이 신발 신은거 정말 후회된다.
  : 몇년 만의 동창회를 나갈때 아마 가장 고민되는 것이 옷차림, 몸매, 얼굴 등 겉모습일 것이다. 이 고민은 참석한 친구들이 모두 공유할 수 있는 주제이다.

- **I've heard some high school kids today don't even use lockers!**
  요새 몇몇 학생들은 사물함을 쓰지도 않는다며!
  : 학창시절에 가장 흔한 걱정꺼리라던가 가장 많이 이용하던 것들에 관한 기억은 엄청난 추억을 소환해 낼 수 있다. 또한 그런 것들과 현재를 연결시키면 무

궁무진한 대화거리로 발전될 수 있다.

- **"It would have been fun to have some of our teachers here. Who would you have invited?"**

  여기 우리 선생님들도 계셨으면 재미있었을텐데. 너같으면 누굴 초대했겠어?

  : 선생님이 학창시절에 차지하던 비중은 컸을 것이고 이에 대한 주제는 과거 일들을 끄집어 낼 수 있는 좋은 소재이다.

- **"So how far have you ventured from ..."**

  우리 동네에서 얼마나 멀리 가봤니?

  : 어디로 이동했었는지를 의미하기도 하고 얼마나 여행을 했었는지를 의미하는 질문이다. 사람마다 다르지만 미국인은 이사를 다닌다거나 하는 지역간의 이동이 그리 많지 않은 경향이 있다. 평생 한 지역에서 살거나, 태어난 집에서 대대로 사는 일도 허다하다. 이런 질문을 통해 좋은 정보가 교류될 수도 있고 어떻게 살아왔는지를 알 수도 있다.

- **"Do you still wear that raspberry beret?"**

  너 아직도 라즈베리 색 베레모를 쓰니?

  : 상대방을 기억하고 있다는 의미이므로 기분도 좋게 해주고 과거를 떠올리게 해주는 더할 나위없이 좋은 대화주제이다. 친구가 늘 하던 옷차림도 되고, 먹던 음식, 하던 운동, 읽던 책 등 무궁무진하다.

- **"Remember that time..."**

  그때 …했던거 기억나?

  : 재미있었던 과거 사건이나 해프닝을 떠올리게 하는 질문은 아무래도 추억을 공유하기에 가장 좋은 주제이다.

  참조: http://www.classmates.com/blog/article/conversation-starters-high-school-reunions/
  http://www.classmates.com/blog/listicle/5-reunion-conversation-starters/?s=80640

백업하기

RENEE	Oh my god. You? No you're not. You're like amazing.

❶ 당신은 내가

_____ .

되고 싶은 모든 것이에요.

AVERY	It's this voice.
RENEE	Your voice? You... Something wrong with your voice?

_____ . It's a little high pitched...   ❷ 난

전혀 몰랐는데.

AVERY	I sound like a freaking moron.
RENEE	No.
AVERY	But I'm not... I've got a JD/MBA from Wharton. I clerked for a Supreme Court Justice. But it's this voice, I can't kick it.

❸ 난 별걸

_____ . Vocal coaches...That's it actually, just vocal coaches

다 해봤다니까.

but still... nothing.

❹ 그래서 내가 당신 같은 사람이 여기 있어서

_____ , Renee.

행운이라고 생각해.

RENEE	Someone like me?
AVERY	Someone who knows the clientele that we're going after. Someone who can speak to that world.
RENEE	Yeah.
AVERY	_____ .

❺ 저녁 식사 일정이 있을거야. 당신이 와줬으면 좋겠어.

---

❺ There's a dinner coming up, I'd love for you to come.

❹ That's why I feel...really lucky to have someone like you here

❸ I've tried everything.

❷ I haven't noticed anything.

❶ You're like amazing. You're everything I could ever want to be.   정답 표현

Let's Match

1) 배고파 죽겠어요. •

2) 어디서 오는거에요? •

3) 당신 땀 난다 •

4) 난 운동하고 있었죠 •

5) 전혀 신경안썼어요 •

6) 별거 아니에요 •

7) 난 겁먹었어요 •

8) 인터넷으로 근황을 살펴보다 •

9) 진짜 처럼 들렸다 •

10) 난 후회했어 •

• A) Not a big deal.

• B) I chicken out.

• C) I never pay attention.

• D) I get online and monitor your status

• E) I'm starving

• F) Where you coming from?

• G) I regretted it.

• H) You're sweaty.

• I) I was working out.

• J) That sounded pretty real.

Happening **17**

Picnic

1 Storyboard

공원에서 데이트를 하면서 서로에게 더 끌리게 된 르네와 이
든은 깊은 대화를 통해 서로를 이해하게 된다. 사람들이 대부분 자기자신을
부정적으로 보고 거기에 집착하게 되는데 르네는 스스로를 잘 알고 외부의 시
선을 신경쓰지 않는다는 점에 이든은 반하게 된다. 마음이 맞아서 서로 키스
도 나누고 함께 밤을 보내게 된다. 처음으로 함께 보내는 밤인데도 르네는 부
끄러움도 없고 자신만만하며 거리낌이 없다. 이든은 그런 르네의 모습에 너무
놀라지만 그래도 르네에게 더욱 끌리게 된다.

2 피가되고 살이되는 문화팁

커플들이 데이트로 하는 활동들은 동서양이 비슷하고 다양하지만 서양에서는 가까운 공원이나 강변 등에서 간단한 피크닉(picnic)을 즐겨한다. 야외에서 콘서트나 영화 상영, 불꽃놀이 등을 하기도 하고 이런 행사가 아니더라도 책을 읽거나 음악을 들으며 대화를 한다. 햇빛 아래에서 태닝을 워낙 즐기기 때문에 야외 피크닉을 좋아한다. 국내에도 캠핑 등의 야외활동이 인기를 끌면서 피크닉을 즐기는 가족이나 커플들이 증가하고 있다.

피크닉에 꼭 가져가야 하는 용품들의 이름을 영어로 알아두자.

● **picnic blanket** 잔디위에 깔고 앉는 매트, 돗자리

● **wet wipe/ baby wipe / moist towelette** 물티슈를 wet tissue라고 번역하면 우리가 생각하는 제품으로 알아듣지 않는다. 개별 포장으로 위생처리 되어 판매되는 물티슈는 이런 용어로 쓴다.

● **foldable camping chairs** 접이식 캠핑 의자

● **picnic coolers/ cooler/ jockey box** 아이스 박스

- **bug spray** 벌레기피제
- **trash bag** 쓰레기비닐. 'Cleaner than you found it' (처음보다 더 깨끗하게) 교육을 어릴 때 부터 받기 때문에 쓰레기를 버리지 않고 공원문화를 즐기는 것이 생활화 되어있다.

- **Maxim** 미국 뉴욕에 본사를 두고 있는 국제적인 잡지로 국내에도 인기리에 판매되고 있는 성인 남성을 대상으로한 잡지이다. 사진이나 내용이 성적인 것이 많아서 이슈가 되고 있으나 다양한 아이템과 정보, 상식으로도 판매율이 높다.

동서양을 아울러서 국제적인 커플이 많이 생겨나는 글로벌한 시대에 외국의 커플문화를 알아두는 것이 도움이 될 것이다. 사람마다 다르지만 대부분 한국의 커플들은 사귀기 시작하면 날짜를 세면서 100일 반지를 나누거나 선물로 커플룩을 나눠 커플티, 커플 운동화 등을 함께 착용하는 일이 빈번하다. 하지만 서양에서 커플들은 이런 일들에 굉장히 조심한다. 선물을 커플 세트로 나누는 것을 함부로 하

지 않고, 하물며 커플링은 결혼과 연결되지 않는한 왠만하면 하지 않는다. 반지를 선물한다는 것은 결혼을 상징하기 때문에 조심할 수 밖에 없다. 남자가 결혼을 결심할 수 있는 인생의 반려자(the one, the right one)를 만나게 되면 다이아몬드가 달린 약혼반지(engagement ring)로 프로포즈를 한다. 프로포즈를 할때 신경써서 이벤트로 하는 것이 흔하다. 그래서 왼손 약지에 다이아몬드가 달린 반지를 하나 끼고 있는 여성은 약혼자가 있고 결혼을 앞두고 있다는 의미이다. 결혼식 당일 신랑과 나누게 되는 결혼반지(wedding ring)는 큰 다이아몬드가 아니라, 아주 작은 다이아몬드 장식정도만 있거나 장식이 없는 링반지를 많이 한다. 신랑 반지와 한세트로 디자인 되기도 하지만 신부가 약혼기간에 끼고 있던 약혼반지와도 세트인 경우가 많다. 그래서 결혼식이 끝난 결혼한 유부녀는 두개의 반지를 세트로 끼고 있다. 다이아몬드 링이 불편해서 그냥 결혼반지만 끼는 경우도 많지만 대개는 두 개의 반지를 낀다.

또한 한국의 커플들은 '사랑한다' 는 표현을 자주 사용하는 경우가 많다. 그러나 특히 영어권 국가에서는 너무나 책임감이 따를 뿐만 아니라 진지한 관계를 의미하는 말이기 때문에 사귀는 사이에서도 누가 언제 먼저 처음으로 그말을 꺼내느냐가 중요하다. 일년을 사귀고도 서로 사랑한다는 말을 하지 않는 커플도 꽤 있다.

최근에 커플룩(couple items)도 많이 유행이 되어서 커플 핸드폰 케이스, 커플 열쇠고리, 커플 매듭 팔찌 정도는 하는 경향이 있다. 진지하고 안정적인 관계인 커플들은 결혼 전에 동거하는 문화가 있다 보니 이 정도의 관계에서는 생활용품에 관련된 커플아이템들을 많이 사용한다. 컵, 칫솔홀더, 속옷 같은 경우 커플룩으로 쓰기도 하고, 목욕가운(bathrobe)이나 타월 혹은 베개에 His(그의 것)와 Hers(그녀의 것) 라고 써 놓은 커플 아이템을 사용하지만, 누구의 것인지 구분해서 쓰고자 하는 용도도 있다.

3 영어로 말해보기

계속 말해봐요.

💡	힌트	**keep**
🎬 MOVIE	영화 속 표현	**Keep talking.**
&	또 다른 표현	**Keep on talking.** **Go on.** **Keep on.**

1. 어쨌든.

2. 난 진심이에요.

3. 걱정 말아요. / 괜찮아요.

4. 천천히 해요.

5. 부끄러워라.

원어민 따라잡기

1 I'm being ~ 내가 ~하고 있어 / 지금 ~한 상태야

be동사는 상태를 나타내는 동사기 때문에 진행형으로 사용할 수 없다. 하지만 지금 당장이라는 의미를 강조하기 위해 예외적으로 사용할 수 있다. 현재 발생하고 있는 일시적인 사건에 대해 말을 하는 것이다.

> **example**
>
> • **I'm being serious.**
>   진심이에요.   (I feel pretty 교재 p.184)
> • **I'm being nice to you.**
>   너한테 잘 대해주고 있잖아.

2 keep -ing 계속 ~하다

상황을 설명할 때는 누군가가 하던 행동을 계속해서 하고 있다는 의미로 해석되며 구어체에서는 상대방에게 포기하지 말고 혹은 쉬지 말고 하던 행동을 계속 하라는 격려할 때 사용할 수 있다..

> **example**
>
> • **I'm just the beautiful face keeping this place running.**
>   저야 그냥 안내 부서를 담당하는 예쁜 얼굴일 뿐인데요.   (I feel pretty 교재 p.126)
> • **Keep talking.**
>   계속 말해줘요.   (I feel pretty 교재 p.184)
> • **Mason keeps typing and suddenly the lights go out.**
>   메이슨이 계속 타이핑을 치고 있고 갑자기 빛이 꺼진다.   (I feel pretty 교재 p.292)

3 be confused (about) ~에 대해 당황하다 / 혼란을 느끼다

동사 'confuse'는 '혼란스럽게 하다'라는 의미를 기본으로 가지고 있는데, 'confusing'이라고 하면 '혼란스럽게 하는'이라는 뜻이고 'confused'라고 하면 '혼란을 느끼다'라는 의미가 된다. 상황에 따라 헷갈린건지 헷갈리게 한 건지를 잘 구분하여 사용해야 한다.

> **example**
>
> • **What confused me when I walked into this place, honestly, is you.**
>   제가 들어와서 당황한 건, 솔직히, 당신 때문이에요.   (I feel pretty 교재 p.118)
> • **I think a lot of people are confused about themselves.**
>   많은 사람들이 자기 자신에 대한 확신이 없어요.   (I feel pretty 교재 p.184)

4 whatever 어떤 ~이든지 / 무엇이든지

이 표현은 단독으로 사용될 수도 있고 단어 혹은 문장과 같이 사용될 수도 있다. 단독으로 사용되면 '아무거나'라는 의미도 되지만 'I don't care'와 같이 '관심없어'라는 의미로 해석될 수 있다. 뒤에 명사가 오게 되면 형용사처럼 사용되어 '어떤 ~이든지'라고 해석하며, 문장이 오게 되면 '~하는 것은 무엇이든지'라는 뜻으로 쓰인다.

example

- **In some ways the real face of our beauty line, whatever...**
  어떻게 보면 우리 제품의 진정한 얼굴입니다. 모르겠다…   (I feel pretty 교재 p.54)
- **They like obsess over whatever negative quality they...perceive in themselves.**
  스스로 부정적이라고 생각하는 점에 너무 집착해요.   (I feel pretty 교재 p.184)
- **What I realized is I could eat whatever I want and still look like this.**
  그리고 제가 깨달은 건 먹고 싶은 걸 다 먹어도 괜찮다는 거죠.   (I feel pretty 교재 p.216)

5 make 목적어 + 형용사 ~를 ~하게 만들다

'만들다'라는 뜻을 가지고 있는 'make'는 뒤에 '목적어 + 형용사'의 형태를 가질 때 '목적어를 ~하게 만들다'라는 의미로 해석할 수 있다. 우리말로는 '~하게'라고 부사처럼 해석되지만 생략할 수 없는 보충어기 때문에 형용사의 형태를 써야 한다.

example

- **They completely miss the thing...that really makes them awesome.**
  자신을 근사하게 만드는 것을 다 놓치거든요.   (I feel pretty 교재 p.184)
- **We have made these items cheaper for her and easier to use.**
  당신들을 위해 저렴하고 사용하기 쉬운 제품을 만들었다는 거죠.   (I feel pretty 교재 p.238)

6 enough 충분한 / 충분히

'필요한 정도로'를 의미하는 부사로 긍정이나 부정문에서 사용할 수 있으며 앞에 나오는 어구를 수식한다. '필요한 만큼 많이'라는 의미의 형용사로도 뒤에 나오는 어구를 수식하여 사용할 수 있다. 쓰임에 따라 위치가 다르니 주의하도록 하자.

example

- **If I wanted it bad enough, all my dreams could come true.**
  간절히 원하면 꿈이 이루어진다는 걸.   (I feel pretty 교재 p.192)
- **We aren't good... or thin or pretty enough.**
  우리는 충분할 정도로 착하지도 않고, 마르지도 않고, 예쁘지도 않죠.   (I feel pretty 교재 p.296)
- **Enough is enough.**
  그만하면 됐어.

5 시츄에이션 시뮬레이션

남녀관계와 데이트에 관해서 말할 때 많이 쓰는 표현들을 알아보자.

- **a match made in heaven** 천생연분
  the perfect relationship
- **ask somebody out** 데이트 신청하다
  to ask someone if they'd like to go on a date with you.
- **be heads over heel for somebody** 홀딱 빠지다.
  saying you have fallen in love with someone.
  ex) When I was a kid I was head over heels with my neighbor girl.
- **be on the rocks** 파탄직전이다, 위태롭다
  to have a difficult period in a relationship.
- **chat somebody up** (관심있어서) 말걸다
  to talk to someone in a way that shows you're attracted to them.
- **cheat on somebody** 바람피우다
  to have sex with a person who's not your boyfriend or girlfriend: wife or husband.
- **deal-breaker** 방해요인
  Something that causes you to not want to continue dating someone.
  관계가 잘 되어가는데 마음에 안들거나 도저히 받아들일 수 없는 요소나 단점을 말한다. 연애 관계가 아니라 정치, 경제 분야에서도 장애요인, 결렬요소의 의미로 쓰인다.
  ex) He told me he never wanted to have kids, which is a dealbreaker for me, so we decided to end the relationship then and there.
- **drool over somebody** 탐나거나 좋아서 군침을 흘리다
  to look or stare at someone with obvious desire.
- **flirt** 추파를 보내다, 남녀가 희희낙낙거리다
  to show through actions, words or attitudes that you like someone.

- **go Dutch** 각자 비용을 내다
  to split the bill at a restaurant.
- **go out with somebody** 데이트 하러가다
  to go somewhere with the person you're attracted to. /to date someone
- **have an affair** 바람피우다
  = to cheat on someone
- **have a crush on somebody** ~에게 반하다

to be attracted to a woman or a man over a period of time.
이 표현은 흔하고 어떤 상황에서든지 사용될 수 있다.

- **have chemistry with somebody** 궁합이 좋다, 쿵짝이 잘맞다
  to have very good energy. = to have a spark
- **hit on somebody** 수작을 걸다
  to act in a way that shows you're attracted to the other person.
- **hook up with somebody** 만나서 즐거운 시간을 보내다라는 일반적 의미로도 많이 쓰이지만 커플사이에서는 성적인 만남을 의미한다.
  to have sex with someone

- **lead somebody on** 좋아한다고 착각하게 만들다

  to cause someone to think that you are interested in them when you are not

  ex) I can't tell if he really cares about me or if he's just leading me on?

- **love at first sight** 첫눈에 반하다

- **make eyes at somebody** 눈웃음치다, 추파를 보내다, 끈끈한 시선을 주다

  to stare at someone because you like him or her. =to drool over

- **make out with somebody** 키스와 애무하다

  to heavily kiss, including touching and petting.

- **make up** 화해하다

  to forgive someone after an argument.

- **one night stand** 하룻밤의 정사, 상대

  to have sex with someone with no intention of talking to that person again.

- **out of one's league** 넘볼 대상이 아니다

- **pick up somebody** 꼬시다, 유혹하다

  to have a make out session or have sex with a girl you just met, generally at a pub, bar or nightclub

- **play hard to get** 튕기다, 비싸게 굴다

  to pretend you're not interested in a relationship.

- **pop the question** 구혼하다
  to ask someone to marry you.

- **single and ready to mingle** 사귀는 사람이 없는 싱글이고 연애할 준비가 되어있다. Mingle은 사교하다는 의미이다.

- **tie the knot** 결혼하다
  to get married.

- **turn somebody down** 거절하다
  to say no to a date invitation, or to reject any kind of romantic intention from someone.

참조 https://reallifeglobal.com/datinginenglish/

백업하기

RENEE _____
❶ 지금 저 사람들이 하고 있는 동작은 뭐라고 해요?

ETHAN That's called the star hop. It's not a full jump.

RENEE You are... _____, Ethan.
❷ 당신은 진짜 남자다워요.

ETHAN I got to read more Maxim or something.

RENEE Eww please don't read Maxim. _____.
❸ 당신은 완벽해요.

ETHAN I'm not perfect But I do think that you are.

RENEE _____, Wheat-thin.
❹ 어쨌거나요.

ETHAN _____. You're like so...yourself...or something, I don't
❺ 진짜 진심이에요

know...it's cool.

RENEE No. _____.
❻ 계속 말해봐요.

ETHAN I think _____. They like
❼ 많은 사람들이 스스로에 대해 혼란스러워 하잖아요.

obsess over whatever negative quality they...perceive in themselves
and they completely miss the thing...that really makes them
awesome. You like know who you are and _____
❽ 당신은 세상이 당신을

_____.
어떻게 바라보는지 전혀 신경쓰지 않아요.

❽ you don't really care how the world sees you.
❼ a lot of people are confused about themselves.
❻ Keep talking.
❹ Whatever
❺ You're perfect.
❷ You are quite a man
영어 표현 ❶ What's the move they're doing right now called? ❺ I'm being serious.

228 아이필 프리티 자막없이 보기

Let's Match

1) 어디서 만났었나요? •

2) 그렇게 데이트 많이 안해요 •

3) 저도 안해요 •

4) ~그래 보여요 •

5) 3명 사귀어봤어요 •

6) 나 같으면 엄청 울었을거에요 •

7) 어쨌거나요 •

8) 난 진심이에요 •

9) 계속 말해봐요 •

10) 걱정마요 •

• A) I'm being serious.

• B) Keep talking.

• C) Where have you met~

• D) I would cry so hard.

• E) No worries

• F) Whatever.

• G) I don't date that much.

• H) Neither do I.

• I) It seems like~

• J) I've been in three relationships.

Happening **18**

Private dinner

1 Storyboard

이든과 함께 에이버리의 가족파티에 초대받은
르네는 회사의 초대 회장인 에이버리의 할머니와 연예인만큼 유명한 남동
생 그랜트와 함께 식사를 하게 되니 흥분해있다. 에이버리는 르네에게 우상이
나 다름없는데 할머니 앞에서는 왠지 초조하고 불안해 하는 모습이다. 르네는
특유의 재치와 자신감으로 할머니와 농담도 하고 금방 친해진 듯이 보인다.
르네는 에이버리를 칭찬해서 띄워주기도 하면서 일에 관해서도 좋은 아이디
어를 내놓게 된다. 보스턴 출장에 함께 가자는 에이버리의 제안을 르네는 너
무 좋아한다.

르네는 리셉셔니스트가 된 이후로 본사에서 모델 같은 예쁜 직원들을 상대하
며 그들만의 문화에 젖어 들어간다. 제인과 비비안을 만나는 자리에서도 르네
는 셋이서만 재미있게 노는 것에 만족하지 않고 본사 예쁜 직원들에게 추천 받
았던 비밀 클럽에 둘을 데리고 들어가려고 한다. 친구들이 예쁘게 꾸미고 오
지 않고 원래의 모습대로 나타나서 클럽에 입장을 거부당하게 되니 화가 나서
괜히 친구들을 탓하게 된다.

2 피가되고 살이되는 문화팁

샐러드는 우리의 김치 만큼 서양 식단에서 빠지지 않고 등장하는 음식이고 사람마다 상황에 따라서 기호에 맞춰 다양한 조합으로 먹는다. 육류 위주의 미국식 음식에는 야채가 필요하기 때문에 많이 먹는데 샐러드 드레싱도 종류가 많아서 마트에서 살때도 고민할 정도이다.

유럽은 올리브 오일에 소금, 후추, 식초 만을 뿌리는게 일반적이지만 영어권 국가에서는 아무래도 간이 세고 달달한 다양한 맛을 좋아한다. 국내에도 음식점마다 대표적인 샐러드들이 판매되고 있어서 익숙한 용어가 많다.

시저 샐러드와 콥샐러드는 모두 개발한 요리사의 이름에서 유래된 것이다. 시저 샐러드는 로마의 장군 줄리어스 시저(Julius Caesar)의 이름을 땄다고 하는 설도 있지만, Caeser Cardini라는 미국 이태리 이민자 쉐프의 이름이고 콥샐러드는 미국 로스엔젤레스에서 쉐프이던 Bob Cobb이 만들었다고 하고 한다. 이외에도 드레싱이 뿌려진 일반적인 야채 샐러드를 말하는 가든 샐러드(Garden/green salad), 시금치 샐러드(Spinach salad), 치즈와 올리브 위주의 그릭 샐러드(Greek salad), 양배추로만 만드는 코울슬로(Coleslaw) 등이 일반적이다.

- 랜치드레싱(Ranch dressing): 아마 미국인들이 가장 좋아하는 샐러드 드레싱일 것이다. 마요네즈 중심의 칼로리가 높은 드레싱으로, 찍어먹는 디핑소스(dip/dipping source)로도 많이 먹는다.

- 시저 드레싱(Caesar dressing): 시저 샐러드에 뿌려지지만 다른 샐러드에도 사용된다. 식초와 올리브 오일, 레몬즙, 달걀, 파마산 치즈 중심이다.

- 이탤리안 드레싱(Italian dressing): 비너그렛(vinaigrette)을 기반으로 만들어졌는데 비네거(vinegar)라는 식초를 넣어 만든 소스를 말하며, 이와 함께 오일과 식초가 중심이다. 발사믹(Balsamic), 식초나 마늘, 양파, 레몬즙 등이 섞여 있어 개운한 맛이다. 비너그렛이 하나의 드레싱 종류로 통칭되기도 하고, 칼로리가 제일 낮기 때문에 인기이다.

- 프렌치 드레싱(French dressing): 케첩, 오일, 식초, 파프리카를 주로 이용해서 만들어졌고 이 드레싱은 프랑스가 아닌 미국산이다.

- 사우전 아일랜드(Thousand Islands): 미 동부에 있는 세인트 로렌스 강의 사우전드 아일랜드에서 만들어져서 이름을 딴 드레싱으로 주홍색감으로 마요네즈, 칠리소스, 케첩, 타바스코 등 너무 많은 소스들이 섞여있어 칼로리가 높지만 인기있다.

- 허니 머스타드(Honey mustard): 이름 그대로 꿀과 겨자가 주성분으로 달기도 하기 때문에 랜치소스 처럼 딥으로도 많이 먹는다.

- 그린 갓디스(Green Goddess dressing): 샌프란시스코 팰리스 호텔에서 The Green Goddess라는 이름의 공연이 있었는데 거기 출연자인 조지 알리스(George Arliss)를 위해 만들어졌다고 하는 소스이다. 마요네즈, 안쵸비, 마늘, 식초, 파슬리 등이 주 재료이고 색이 이름대로 녹색이다.

- 히든 벨리(Hidden Valley): 영화에서 르네가 좋아한다고 말한다. 샐러드 드레싱 브랜드 명이고 랜치 소스가 대표이다. 랜치 드레싱은 미국 캘리포니아 산타바바라 근처 Hidden Valley Guest Ranch 지역에서 만들어졌고 여기서 이름을 따왔으며, 나중에 이 브랜드가 탄생되었다고 하니 랜치드레싱의 원조이다.

- travel sized condiments 여행용 사이즈의 소스를 말한다. 미니 사이즈로 작은 용기에 담겨서 휴대할 수 있게 만든 것이다. 비닐로 일회용 포장을 한것들도 포함해서 말하는 용어인데, 타바스코(Tabascos) 소스나 케첩(ketchup bottles), 샐러드 드레싱 등을 귀여운 용기에 담아서 판매한다.

제가 제일 좋아하는 거예요.

힌트	**favorite**
영화 속 표현	**That is my absolute favorite.**
또 다른 표현	**It's my favorite.**

1. Avery가 완전 꽂혔나 봐요.

2. Avery는 대단한 사람이에요.

3. 오랜만에 고마운 제안을 듣네.

4. 여행용 사이즈 소스를 모으는 건 제 인생에서 중요한 거예요.

5. 너무 귀여워요!

6. 말하신 적 없잖아요.

7. 저에게 엄청나게 큰 일 이었을걸요.

원어민 따라잡기

1 It must be ~ (그건) 틀림없이 ~일거야 / ~인 게 틀림없어

당연하거나 근거가 있어서 확실한 추측을 할 때 쓰는 표현이다. be동사 외에도 상태동사를 사용하면 같은 의미로 해석이 가능하다. 반대의 의미로 가능성이 0%인 상황에 대한 추측을 표현하고 싶으면 must의 부정형이 아닌 'cannot'이라는 조동사를 사용해야 한다.

> example

- **You must be Renee.**
  당신이 르네군요. (I feel pretty 교재 p.108)
- **It must be a company-wide thing, or I wouldn't have been invited.**
  틀림없이 회사 차원의 행사일거예요. 아니면 나를 초대 안 했겠죠. (I feel pretty 교재 p.202)

2 had p.p (과거에) ~했다

'had p.p'는 과거완료로 과거의 어느 시점을 기준으로 그 이전부터 그 때까지 일어난 일을 나타낼 때 사용하는 표현이다. 보통 과거 어느 시점보다 더 이전이라고 하여 대과거라고 부른다. 현재완료와 비슷하게 과거시점에 그 일이 완료되거나, 경험으로 남거나, 계속되기도 하는 경우 사용한다. 과거 특정 시점을 나타내는 표현과 함께 쓰이거나 굳이 명시하지 않아도 과거에 발생한 일을 모두가 알 수 있을 때 사용한다.

> example

- **I had vomited sangria like all over a sweater.**
  상그리아 마시고 스웨터에 몽땅 토했거든요. (I feel pretty 교재 p.204)
- **They had finished their dinner when I arrived.**
  내가 도착했을 때 이미 저녁 다 먹었더라.

3 in order to ~ ~하려고 / ~하기 위해서

어떤 행위에 대한 목적을 나타내기 위한 표현으로 그 목적이 일을 잘 행하는 방법을 찾기 위해서 하는 것이라는 의미를 내포한다. 'so as to~'도 같은 뜻을 가지는데, 그 목적을 자발적으로 이루고 싶어서 행한다는 의미를 내포하고 있다. 이 두 표현은 뉘앙스를 담고 있는 것일 뿐 사용법에 있어서 큰 차이는 없다.

> example

- **We need three people in order to get matched on a date.**
  셋이 찍어야 데이트 약속을 잡을 수 있어. (I feel pretty 교재 p.28)
- **Avery obviously wants you here. In order to legitimize her whole plan for the line.**
  보급형 라인에 대한 전체 사업계획의 정당성을 입증하려고 에이버리가 당신을 여기에 부른 거 같군. (I feel pretty 교재 p.204)

4 I (still) can't believe ~ 아직도 ~를 믿을 수가 없어요

'I can't believe~'로 많이 사용하는 이 표현은 뜻밖의 놀라운 소식을 듣거나 경험했을 때 쓰인다. 좋은 일이든 나쁜 일이든 생각지도 못한 상황이 발생했을 때 사용하기도 한다. 'I can't buy ~'도 똑같이 믿을 수 없다는 표현으로 쓰인다. 'still' 이라는 부사와 함께 쓰이면 '아직도' 라는 의미가 추가되어 예상치 못했다는 것을 더욱 강조한다.

example

- **She can't seem to believe that someone who has such a perfect body is here for the first time.**
  르네는 그처럼 완벽한 몸매를 가진 사람이 여기에 처음 왔다는 걸 믿지 못하는 것 같다.

  (I feel pretty 교재 p.14)

- **I still can't believe I even...get to work with her.**
  아직도 같이 일한다는 게 꿈만 같아요.

  (I feel pretty 교재 p.206)

5 Do you want me to ~ 제가 ~ 해드릴까요?

자신이 할 행동을 제안하면서도 상대방의 의견을 물을 때 사용하는 표현이다. 또한 불평의 의미로 상대방의 요구나 제안이 도저히 납득되지 않을 때도 사용할 수 있다. 원래 'do you want me to~' 라고 써야 알맞은 어법이지만 구어체에서는 평서문의 어순으로도 의문을 표현할 수 있다.

example

- **You want me to leave it open?**
  문 열어 둘까요?

  (I feel pretty 교재 p114)

- **Do you want me to go cover up?**
  옷 걸쳤으면 좋겠어요?

  (I feel pretty 교재 p186)

- **Do you want me to grab you some the next time I'm in there?**
  다음에 가면 좀 챙겨다 드릴까요?

  (I feel pretty 교재 p206)

6 would have p.p ~했었을거야

이 표현은 '만약에 (과거에) ~ 했다면' 이라는 구문과 같이 쓰여서 과거에 일어나지 않은 일을 가지고 가정할 때 사용한다. 과거의 일을 기준으로 하며, 굳이 가정하는 상황을 말할 필요가 없을 때 if절을 생략한다. 상황에 따라 아쉬움이나 후회와 같은 뉘앙스를 보여주기도 한다.

example

- **I would have called you, I would have...called like everybody.**
  그랬으면 이든한테도 말하고, 사방에 소문 냈을걸요.

  (I feel pretty 교재 p.208)

- **If I had know about your situation, I would have never said that.**
  네 상황을 알았다면 절대 말 안 했을 거야.

  (미드 Last man on earth)

5 시츄에이션 시뮬레이션

Does the Pope shit in Boston?

"Does the Pope shit in the woods?"가 원래 표현이다. 르네에게 보스턴에 가자는 제안을 물은 것이기 때문에 르네가 보스턴으로 바꾸어 대답한 것이다. 의문문으로 사용되며 누가 봐도 명백한 대답 'yes'이니 물어볼 것도 없다는 약간 풍자나 비꼬는 투(sarcastic)의 재미있는 표현이다. 상황에 따라 "No"의 의미를 강조할 때도 쓰인다. "Does a bear shit in the woods?"과 "Is the Pope Catholic?"의 두 표현이 연결되어 만들어진 것이라고도 한다. 이 두 표현을 각자의 형태로도 많이 쓴다. 숲에서 곰이 똥을 싸는건 당연하고, 교황님이 카톨릭인것도 당연한 일이다. 이 두가지 표현을 합쳐서 교황님도 사람이고 사람이면 누구나 똥을 싸니 너무나 당연한 일을 말하는 것이다. 이외에도 "Does a one legged duck swim in a circle?", "Does the sun rise in the east?"라는 표현도 똑같은 의미로 사용된다.

A: You wanna make some money. (돈 좀 벌고 싶나.)
B: Does the Pope shit in the woods? (당연하지)

재미있으면서도 뜻을 추측해 내기 힘든 원어민이 많이 사용하는 숙어(idioms)를 살펴보자.

1) **a storm in a teacup** 별것도 아닌 중요하지도 않는 사소한 일로 벌이는 괜한 소동, 별일도 아닌 것 때문에 불필요한 화를 내거나 걱정을 하는 것

   ex) I really think you're making a storm in a teacup over this. It's just a tiny scratch on the car!
   내 생각에 이거 별것도 아닌데 너무 걱정하는 거 같아. 차가 조금 긁힌 건데.

2) **see eye to eye** 의견이 일치하다, 생각이 똑같다, 완전히 이해한다는 의미.
   ex) I don't see eye to eye with my father on many things.
   난 많은 점에서 아빠랑 의견이 안 맞아.

3) under the weather 몸이 안 좋은.

A: I'm feeling under the weather. 몸이 별로 안 좋은 것 같아

B: I hope you feel better. 몸이 나아지길 바래

4) Jump on the bandwagon 시류에 편승하다, 유행을 따르다.

Bandwagon은 서커스 단의 맨 앞에서 장식을 많이 달아 사람들의 눈길을 끌며 광고를 하는 마차로 예전에는 사람들에게 거의 유일한 놀이거리였기 때문에 인기가 많았다고 한다. 그래서 정치가들이 이용해서 정치나 선거 캠페인을 벌였기 때문에 나온 용어라고 한다. 많은 사람들이 하는 일이나 인기 있는 일을 따라 하는 것을 말한다.

ex) Why do people jump on the bandwagon instead of thinking for themselves?

왜 사람들은 스스로 생각하는 대신 시류에 편승하려고 할까?

5) break a leg 행운을 빌어

문자의미 그대로 다리를 부러뜨리다는 뜻이 아니고 엄지손가락을 들어 올리며 (thumbs up) 쓰는 'Good luck' 을 기원하는 표현이다. 어떤 나쁜 일이 생기기를 바라면 반대로 벌어진다는 미신에 근거해서 나쁜 일로 액운을 미리 없애자는 의도로 사용되었다고 한다. 또한 이에 관련된 설이 많은데, legs라고 불리는 무대 옆 커튼이 있는데 너무 앵콜을 많이 받고 찬사를 받아서 그걸 부러뜨릴만큼 성공하라는 의미도 있고, 너무 성공적인 찬사를 받아서 하도 인사를 해서 다리를 부러뜨릴 정도로 성공하라는 의미도 있다고 한다.

6) As right as rain 아주 상태가 좋은, 완벽한, 건강한

주로 비에 관련된 표현은 부정적이지만 이 숙어는 긍정 의미로 쓰였다.

ex) I have a broken foot, but once I get my cast off, the doctor says I'll be as right as rain.

발이 부러졌지만 일단 깁스를 빼면 의사가 난 정말 상태가 좋을 거래.

7) **beat around the bush** 말을 회피하다, 말을 돌리다, 둘러 말하다, 요점을 회피하다

중요한 요점을 말하기를 피하려고 다른 사소한 것들을 언급하는 것을 말한다.

ex) Stop beating around the bush and answer my question.

딴소리 하지 말고 내 질문에 대답해줘.

8) **by the skin of your teeth** 간신히, 가까스로

안 좋은 일에서 가까스로 모면했을 경우에 많이 쓰인다. 성경에서 처음 나왔다고 하는데, 이빨에는 당연히 피부가 없지만 이의 표면이나 아주 미세한 차이를 의미한다고 한다.

ex) I passed that exam by the skin of my teeth!

난 겨우 시험에 통과했어.

9) **A penny for your thought** 무슨 생각을 하고 있어! (생각에 빠져있는 사람에게 하는 말!)

'네가 무슨 생각하고 있는지 말해주면 1 penny줄게'의 의미로 무슨 생각에 빠져있니 라고 묻는 질문이다.

Garfield:	Penny for your thoughts!
	무슨 생각하는지 말해주면 1페니 주지!
Joh:	Garfield, I was thinking.. if our ears were in our armpits, would we have to raise your arms to hear people talk?
	가필드, 내 생각에, 만약 우리 귀가 겨드랑이에 달려있다면 사람들이 하는 말 들으려고 팔을 올려야 할거야
Garfiled:	A dollar if you stop thinking.
	생각 안하면 1달러줄게. 〈만화 Garfield 내용 중〉

10) wouldn't be caught dead 어떤 옷 같은 것을 입거나 어떤 상황에 처한 모습을 보이고 싶지 않다

ex) I wouldn't be caught dead wearing a dress like that - it's like something my grandmother would wear!
이런 옷 입은 거 보이고 싶지 않아- 우리 할머니가 입던 거 같잖아!

백업하기

AVERY   As I was saying, _____

❶ 르네가 저희 메시지를 다듬는데 정말 중요한 도움을

_____.

주고 있어요.

LILY   And just what is that message?

RENEE   Oh, just that I think, _____

❷ 대부분 고급 브랜드들은 잘못 받아들이고 있어요.

when they try to make a Diffusion Line. They treat it more
aspirational. When it really needs to be...

LILY   Functional.

RENEE   And practical and real. I mean, these women they know who they
are and they just... and _____

❸ 그들은 가성비 좋은 제품을 사려고 하는

_____.

소비자인 걸 자랑스러워 해요.

LILY   _____.

❹ 에이버리의 일생 경험이 고객과 연결되게 해주지 않을 거에요.

Please tell me you're going to be in Boston with us.

AVERY   Yes, of course. She is.

RENEE   Of course I am?

AVERY   Yes, of course. Remember?

RENEE   _____.

❺ 말한적 없잖아요.

AVERY   We definitely had this conversation about you...

RENEE   Avery, we definitely didn't... _____

❻ 그랬으면 기억했죠.   ❼ 그게 제게

_____.

얼마나 큰 일일텐데요.

AVERY   Don't you remember?

RENEE   _____, I would have...called like everybody.

❽ 당신한테 전화했을거야.

242   아이필 프리티 자막없이 보기

(touching her own eye) Is your eye okay?

GRANT   Oh my God, _____. Before her fake

🟢 그냥 가겠다고 제발 말해줘요.

eyelashes come flying off her bulging eyes.

Happening **19**

Wing woman

1 Storyboard

좋은 클럽에 들어가지 못한 르네는 속이 상해서 즐겁지 않은 상태이다. 그때 본사의 예쁜 친구들이 나타나서 그 물 좋은 클럽에 들어가려 하는 것을 발견하게 된다. 냉큼 그 친구들에게 뛰어가 뭔가 수작을 부리는 것 처럼 보인다. 달려온 르네는 제인과 비비안을 놔두고 예쁜 친구들과 클럽에 들어갈 것이라고 말한다. 제인과 비비안은 황당하지만 어쩔 수 없이 르네를 보내주고 르네는 이쁜 본사의 친구들과 클럽에 들어가게 된다.

르네는 리셉셔니스트가 되고나서 뭔가 달라진 듯이 보인다. 재치있고 자신감 넘치는 모습은 같지만 왠지 예쁜 여자들에게나 볼 수 있는 오만함과 막무가내의 태도가 보인다. 친구들과 함께 등록했던 그룹데이트가 성사된다. 르네는 이든과 사귀고 있지만 친구들을 위해서 참여해서 적극적으로 도와주려고 한다. 하지만 그 의도와는 달리, 자신이 예쁘기 때문에 남자들이 자신의 미모에 반해 도움이 될 것이라고 생각한다. 친구들을 진실된 모습이 아닌 왜곡된 모습으로 부각시키려고 헛된 노력을 하니 남자들은 어이없어하고 친구들도 화가 났다.

2 피가되고 살이되는 문화팁

• speakeasy

미국에는 1920년~1933년까지 금주법(the Volstead Act)의 시대로 이 시기에는 모든 알콜의 상업적 제조와 유통이 절대 금지되었다. 가정에서 소량의 과일주는 허용이 되었다고 하지만 양조장과 증류 공장은 모두 문을 닫았다고 한다. 미국뿐만이 아니라 유럽에서도 19세기 부터 술을 적게 마시자는 캠페인을 벌일 정도로 알코올 중독과 가정폭력이 빈번했고 미국에서도 이런 현상으로 골치를 썩었던 것이다. 국민과 나라를 위해서 알코올 생산과 판매를 규제하는 법이 미국 연방의회를 통과하여 금주법이 제정된 것이다.

이렇게 불법이 되었어도 그 동안 마셔오고 즐기던 사람들에게 술을 완전히 끊게 할 수 없었으니 지하 세계에서 밀주들이 판을 치게 되었고 한번 마실 때 독하게 마시는 잘못된 음주문화가 만연했다.

또한 이 시기에는 안 좋은 성분으로 만들어진 불량 밀주들에 의해서 죽은 사람들의 숫자도 많았고 밀주의 판매유통은 알카포네 같은 갱단들에 의해 지배되고 경찰의 뇌물, 살인 등의 사회적 영향이 심각했다. 결국 금주법은 이런 부작용들을 없애고, 미국 대공황 시기에 경제를 살리고 일자리를 늘리기 위해 폐지되었다고 한다.

Speakeasy라는 이름에서 easy는 '쉬운'의 의미가 아니라 '차분하게, 조용히, 조심히'의 의미이다. "조심해서 말해, 조용히 말해"라고 경찰들 몰래 누가 들을까 봐 서로에게 주의를 주는 표현에서 나왔다.

지금도 이런 식의 speakeasy가 찾아보기 어려운 모습으로 뉴욕, 로스엔젤레스, 시카고 등의 큰 도시에  많다. 간판도 없고 오래된 건물에 곧 철거될 것 같은 장소에 이렇게 은밀하게 영업하는 컨셉의 술집들이 아직도 많다. 이런 술집은 들어가는 방식도 특이해서 비밀리에 손님을 면밀히 체크하고 들여보낸다고 한다. 영화처럼 중국음식점 속에 위치해 있기도 하고, 핫도그 가게를 거쳐 들어가야 하거나 전화 부스 안에 들어가서 수신기로 확인하고 들여보내거나 미리 받은 비밀번호를 이용하는 아주 은밀한 방식의 비밀 첩보영화처럼 입장시킨다고 한다. 이런 특이하고 비밀스런 술집은 요즘 같은 시대에 대중의 관심을 끌고 매력적으로 보일 수 있다. 불법적인 일은 사람들의 흥미를 끌게 되어있고, 안 된다고 하면 더욱 몰리게 되어있기 때문에 인기가 없을 수 없는 것이다. 국내에도 서울 시내 여러 곳에 이런 speakeasy가 있어서 어두운 골목 끝 허름한 건물에 간판도 없이 바텐더의 규칙을 따라야 하는 술집이 있다고 한다.

영어로 말해보기

확실해.

	힌트	clear
	영화 속 표현	That's clear.
	또 다른 표현	Crystal clear. Extremely clear.

1. 정말 축복 받은거죠.

2. 제가 갖고 싶은 가방이에요. / 가방 정말 예쁘네요.

3. 그게 내 계획이야.

4. 뭐 하려는 건지 알겠네요.

5. 반전 매력이 있어요.

6. 다 흑역사는 있죠.

7. 마음껏 즐기자.

원어민 따라잡기

1 **skip on** 건너뛰다

skip은 주로 '건너 뛰다' 라는 뜻으로 사용하는데, 다양한 상황에서 사용될 수 있다. 말 그대로 깡충깡충 뛰어 다니는 동작을 표현할 수도 있고, 본론을 건너 뛰고 결론으로 넘어가는 경우, 주제나 내용에 대해서 생략을 할 때도 사용할 수 있다. 또한, 성적이 뛰어나 학년을 건너 뛰어 월반을 할 때, 컴퓨터 프로세스나 응용프로그램에서 건너뛰는 경우에도 사용한다.

example

- **Don't skip on Jane.**
  제인도 빼먹을 수 없죠.   (I feel pretty 교재 p.228)
- **She's a high school senior. She skipped 6 grades.**
  애는 고등학교 3학년이야. 6년을 건너 뛰었더라고.   (미드 CSI)

2 **be dressed** 옷을 입다

구어체에서는 '옷을 입다'라는 뜻으로 'wear'이라는 단어보다 'be dressed / get dressed / put clothes on'라는 표현을 많이 쓴다. 보통 어떤 종류의 옷을 입었는지 구체적으로 표현할 땐 'be dressed in~' 으로 전치사 in을 사용한다. 주로 학교, 직장 등 일상 생활을 위해 입는 평상복을 입는다라는 의미를 가지며 'dress up'이라고 말하게 되면 중요한 행사를 위해 옷을 차려입는다는 의미를 가진다.

example

- **She's dressed in a pink, longsleeved sweatshirt.**
  그녀는 핑크색 긴 팔 추리닝을 입었다.   (I feel pretty 교재 p.10)
- **Mason, dressed in a khaki t-shirt and blue and white checked shorts is bent over the fax machine/copier.**
  카키색 티셔츠와 파란색과 하얀색 체크무늬 반바지를 입은 메이슨이 몸을 숙이고 복합기를 살핀다.
                                                                        (I feel pretty 교재 p.42)
- **She's dressed like an old man watering his lawn.**
  잔디에 물 주는 아저씨처럼 입고 다니지만…   (I feel pretty 교재 p.228)

3 **We could use ~** ~필요해 / ~ 하고 싶어

술이나 음료를 마시려고 할 때 'use'를 쓰는 경우가 간혹 보이는데, 기본적인 의미는 '술을 마시겠다' 라는 것이지만 변덕이나 기분에 따라서 마시기로 결정한 것이 아니라 술을 마실 이유가 있고, 필요하기 때문에 마신다는 의미를 내포한다. 술이나 음료 외에도 무언가 원하거나 필요하다고 표현할 때 사용할 수 있다.

example

- **RENEE: But I am going to go to the bar and get us drinks.**
  그래도 바에 가서 술은 가져올게.
- **JANE: I could use one.**
  그래 부탁해.   (I feel pretty 교재 p.88)
- **You know what I feel like we could use some more drinks.**
  술이 더 필요할 거 같네요.   (I feel pretty 교재 p.228)

4 hang with ~와 함께 놀다 / 시간을 보내다

데이트보다는 가벼운 느낌으로 모임을 갖거나, 친구끼리 혹은 가벼운 사이의 사람과 시간을 보낸다는 것을 의미할 때 사용한다. 소개하고 있는 표현보다 'hang out'을 더 많이 쓴다. 두 표현 모두 표면적으로 만나서 노는 행위를 뜻하는 반면 'get along'이라고 말하면 마음이 맞아 잘 지낸다는 심리적인 상태까지 포함하는 표현이 된다.

example

- **You hang out in a lot of dry cleaners and hit on perfect girls?**
  세탁소마다 다니면서 이상형 보면 작업 걸어요? (I feel pretty 교재 p.98)
- **I'll hang with the boys.**
  난 놀고 있을게. (I feel pretty 교재 p.228)
- **If you ever get the chance...to hang out with me or my friends.**
  여러분들이 저나 제 친구들이랑 함께 할 기회가 있다면요. (I feel pretty 교재 p.298)

5 set you up (사람을 만날) 자리를 만들어주다 / 소개해주다

어떤 상황을 설정한다는 뜻을 가지고 있기 때문에, 누군가를 특정 지위나 일에 둔다던지 일정을 정하여 자리를 만들어주는 등의 뜻으로 확장하여 사용할 수 있다. 또한 부정적인 의미로 속임수를 써서 함정에 빠지게 만든다라는 의미도 될 수 있다.

example

- **I'm setting you up for success.**
  밑밥 깔고 있잖아. (I feel pretty 교재 p.228)
- **I told him you were my gay best friend, so he wants to set you up with his brother.**
  네가 제일 친한 게이 친구라고 했더니, 남동생이랑 소개시켜주고 싶대. (영화 Friends with Benefits)

6 be supposed to ~ ~해야 했다

특정한 일이 일어날 것을 기대할 때 사용하는 말로 행사나 사건이 예정되어 있거나 어떤 일을 해야하는 절차나 방식이 있을 때 이 표현을 쓴다. 'should'와 똑같이 해석할 수 있지만 충고나 조언에 사용되는 'should'와는 다르게 주로 원칙에 근거한 의무나 예정에 대해서 말할 때 사용한다.

example

- **He was just supposed to show us where the doorway was.**
  우리한테 입구를 알려줘야하는 거잖아. (I feel pretty 교재 p.212)
- **I'm supposed to meet her down here, but I'm really late.**
  여기서 르클레어 대표님을 만나기로 했는데, 좀 늦어가지고. (I feel pretty 교재 p.258)
- **That wasn't supposed to happen.**
  이러면 안 되는데. (I feel pretty 교재 p.292)

5 시츄에이션 시뮬레이션

미국의 술집과 한국의 술집에서의 음주문화는 많이 다르다. 미국의 술집은 바(Bar)라고 부르는 형태가 전부라서, 막걸리, 소주, 맥주에 따라 다양한 술집형태를 갖는 한국에 비하면 단순해 보인다. 영국도 비슷한 형태의 술집을 펍(pub)이라고 부른다. 길게 뻗어 있는 나무 테이블인 바가 있고 뒤로 긴 선반에는 술이 진열되어 있다. 물론 테이블도 즐비하게 많아서 바가 아니라 테이블에서도 먹는다. 바에서 술을 만들거나 주문을 받아 파는 사람이 바텐더(bartender)이다.

한국 술집에서는 테이블에 앉아 있으면 점원이 와서 주문을 받고 전표에 적는다. 계속 주문이 늘어 날 때마다 알아서 전표에 기록을 하고, 다 먹고 일어날 때는 프론트에서 한번에 계산을 하고 나간다. 그러나 미국에서의 음주문화는 다르다. 술집 점원이 와서 주문을 받는 경우도 있고 바에서 바텐더에게 직접 사야 하기도 하지만 계산은 매번 주문할 때마다 끝내야 하므로 선불의 개념으로 보면 된다. 현찰로 주문해서 먹으면 상관없지만 크레딧카드를 사용하게 될 때는 바텐더나 점원이 "Would you like to leave a tab open?" 혹은 "Do you want me to open a tab?"라고 묻는다. 이 말은 크레딧 카드를 다 먹고 나갈 때까지 바텐더에게 맡겨둔다는 의미이다. 술집은 항상 너무 복잡하고 일일이 매번 주문할 때마다 계산하는 것이 귀찮은 일이니 이런 방법이 이용된다. 처음 보는 사람에게 신용카드를 맡겨두는 것도 그렇고, 혹시 계산이 잘못되어 돈을 더 낼 수도 있고 등등 여러 가지 이유 때문에 권장하지 않는 방법이다.

Drinking

한국은 만 19세부터, 미국은 만 21세부터 술을 마실 수 있다. 주마다 다른 법이 많아도 음주에 관한 이 연령 제한은 모든 주가 똑같이 만 21세 부터 가능하다. 술집에 미성년자의 출입을 절대 금하고 있기 때문에 어떤 술집에서는 입구에 건장한 감시원이 신분증 검사를 하기도 한다. 술을 주류판매점(liquor store/shop)에서 살 때에도 까다로워서 살수 있는 시간대가 있고 신분증확인이 필수이다. 간혹 술집 안에서 손님들에게 신분증을 요구해서 나이를 확인하던가 아니면 만취한 사람들이 있는지 확인하며 감시하는 알콜음료 통제국(Alcohol beverage control board)의 검사관이 나와있기도 한다. 만약 술집이 이런 통제를 못해 발각되게 되면 영업을 못하게 된다. 그리고 술집을 운영하려면 술집종사자들이 받는 교육인 술집종사자 프로그램(server program)이 있어서 정기적으로 교육을 받아야 한다. 이 교육을 통해서 손님들이 만취하지 않도록 유도하고 술을 더 먹으려고 주문하면 다른 음료를 제공한다던가, 아니면 귀가조치를 하도록 하는 법을 교육받는다.

특이한 점은 공공장소에서 음주를 제한하는 open container law 법이 있어서 술을 소지하는데 조심해야 한다. 운전 중에 차 내부에 맥주 빈캔이나 오픈된 술병이 있을 경우 운전자가 술을 입에 대지 않았다고 하더라도 경찰에 잡힐 수가 있다. 영화나 미드에서 갈색 종이 봉투에 술병을 싸서 갖고 다니는 장면이 많이 나오는데 바로 이런 법 때문이다. 술을 개봉해서 들고 다니는 것이 발각되는 순간 큰 벌금을 내야 한다. 이렇게 음주에 엄하기 때문에 술 마시는 장소도 제한적이고 시간도 제한적이다.

GUY   Nice to meet you.

RENEE   Guys...what are we talking about?

GUY   Renee, _____

           ❶ 어디 출신이에요?

RENEE   Oh, no. _____. No...redirect that energy...

           ❷ 여기 무슨 일인지 알겠네요.

     all over here. Not all over her face... but you and I are not going to happen.

VIVIAN   Lyle, I like your scarf.

LYLE   Really, this little thing. _____

           ❸ 좀 과한거 같지 않아요?

VIVIAN   _____ Cause I actually do some loom weaving. I don't

     ❹ 손으로 짠거에요?

     know how to make a scarf though... but once I made a Native American Medicine Bag.

LYLE   Actually my sister studies 18th century...textiles online.

RENEE   Actually, a little bit about Viv, _____. She

           ❺ 예상밖이죠./보기랑 다르죠.

     was thrown out of the 8th grade for showing everybody her boobies.

GUY   _____.

           ❻ 모두가 과거(흑역사)는 있죠.

RENEE   And look, _____ Yes, she's dressed like an old

           ❼ 제안을 빼먹으면 안되요.

     man watering his lawn... ... _____. Because once she

           ❽ 그건 안중요해요.

     gets out of these clothes, she's a sex party I can tell you guys have a lot of sexual energy.

JANE   You know what I feel like we could use some more drinks. The ladies will be right back.

VIVIAN   Yeah.

RENEE   You guys get the drinks, _____.

           ❾ 난 남자들과 놀고 있을게.

VIVIAN   No, no. _____.
⑩ 너도 같이가.

RENEE   Okay... Hey...

JANE   What are you doing to us?

RENEE   I'm trying to help you guys, you serious?

VIVIAN   What?

RENEE   I'm setting you up for success. Just be hotter. You got to lead with your...hotness. And then let them find out how boring you are later.

VIVIAN   You think we're boring?

RENEE   Let's start over, okay. You guys are going to be fun. _____.
⑪ 마음껏 놀아보자.

_____. You guys want shots? You guys are crazy.
⑫ 샷으로 마시고 싶은데.

Happening **20**

Boston

1 Storyboard

르네는 회사의 전용비행기를 타고 보스턴에 에이버리와 함께 출장을 가게 된다. 알고보니 그랜트도 보스턴 대 레드삭스 야구를 관람하러 함께 비행기를 타고 동행하게 된다. 에이버리는 비행에 대해서 예민한지 바로 약을 먹고 자버린다.

호텔에 도착하자마자 르네는 제품 프리젠테이션을 준비하느라 열심히 말연습을 하고 있는데, 그랜트가 르네의 방으로 온다. 룸서비스를 누나인 에이버리가 막아놔서 르네방에서 시키고 싶다는 것이다. 아무래도 그랜트는 누나 눈에는 말썽꾸러기인 듯이 보인다.

2 피가되고 살이되는 문화팁

인터넷과 모바일을 위주로 한 통신과 사교가 발달되면서 현대의 삶에서 분리될 수 없다. 특히 젊은 세대들은 이런 소통에 더 익숙해져 있기 때문에 앞으로도 더욱 발달될 것이다. 영화에서 르네가 Vacays라는 말을 하는데 vacations의 줄임말 슬랭 표현이다.

> fave = favorite
> bestie = best friend
> hubby/hub = husband
> fro-yo = frozen yogurt
> rezzy(rezzies) = reservation
> fo'sho = for sure, yes
> totes = totally

제곧내(제목이 곧 내용), 웃프다(웃기는 한편 슬프다), 갑분싸(갑자기 분위기가 싸해진다) 처럼 국어에서도 많이 쓰이는 줄임말(abbreviations / acronyms / initialism)은 영어에도 많고 실제 대화까지 번지고 있다. 이런 언어표현에 대한 반대도 많고 싫어하는 사람도 많지만 이미 많이 사용되고 있으니 알아두는 게 좋겠다. 우리가 중독되어 먹는 MSG가 음식첨가물의 의미 이외에도 message 약자인 줄은 알아야 세계적으로 소통할 수 있을 것이다.

- **FOMO** Fear Of Missing Out
  자신에게 주어진 좋은 기회를 놓치지 않으려는 마음, 좋은 파티나 모임 혹은 멋진 행사 등에 소외되고 빠지지 않으려는 마음을 말할 때 사용한다. 예를 들어 친구가 멋진 크루즈를 타고 여행하는 사진을 올렸으면 거기에 댓글로 "Cool, #FOMO"라고 달 수 있다.

  A: Have you been invited to the hottest party of the year next week that everyone is going to?

다음주에 있을 최고의 파티에 모두가 간다던데 초대받았니?

B: What invite? No, I'm not. Is everyone going to be there? I've got serious FOMO.

무슨 초대? 아닌데. 거기 다들 간데? 나 심각하게 가고싶은데.

- **FTW** For The Win

  말그대로 "승리를 위하여"와 비슷하게 "멋지다, 이기자, 끝내줘(amazing, awesome, cool)" 의미로, 어떤 일에 열정적인 자세로 응원이나 열광적 기분을 표현하는 감탄사이다. "Epic Win!, Victory!"와 비슷하게 쓰인다.

  Low-carb diets, ftw!

  저탄수화물 다이어트, 해내자!

- **FWIW** For What It's Worth

  "내 생각에 도움이 될지 모르겠지만", "가치가 있는 건 그렇다 치고", "내 생각에 가치 있어 보이지만" 등의 의미가 된다. 강한 자신의 의견을 밝힐 때 바로 앞에 써주면 좋은 말이고, 그나마 예의 있게 전달하는 방식이 될 수 있다. TBH(To Be Honest)도 FWIW와 함께 비슷한 용법으로 많이 쓰인다.

  FWIW, I never liked your boyfriend anyway.

  내 생각일 뿐이지만, 난 어쨌거나 니 남친이 진짜 맘에 안 들었어.

- **ICYMI** In Case You Missed It

  번역 그대로 "네가 잊었을까 봐"의 의미라서 사용될 수 있는 상황이 많다.

  A: Hey, I sent you a link to that news. icymi.

  이봐, 그 뉴스 링크를 보냈어, 네가 잊었을까봐.

- **IIRC** If I Recall Correctly

  사람과의 관계에서는 아무래도 기억이 모호한 일들이 넘쳐나기 때문에 확실하게 밝혀야 할 상황이 벌어지게 되어있다. 특히 social media나 인터넷상으로 오고 간 소통은 증거로 남아있는 부분이 많아서 이럴 때 이 표현을 쓰게 된다. 비슷한 표현으로 bring the receipts도 영수증 같이 명백한 증거를 보여준다는 뜻으로 트위터나 문자로 보내지는 사진 등의 증거를 말한다. .

IIRC, you promised me so much more. Here's a screenshot to prove it.
정확히 기억하는데, 넌 나한테 많은 것을 약속했어. 여기 증거 사진들 있어.

A: How do you know that he's cheating on me?
그가 날 두고 바람 피우는 걸 어떻게 알아?

B: I got all the receipts.
모든 증거가 있지.

- **NBD** No Big Deal
실제 회화에서도 많이 쓰이지만 social media나 문자에서도 버금가게 많이 쓰이는 표현 "별일 아냐. 괜찮아. 대수롭지 않아" 등의 의미이다. 친구가 오늘 모임에 못 나온다고 단톡방에 남기면 NBD라고 답변을 남겨보자.

- **SMH** Shaking My Head
머리를 가로지르며 흔드는 것은 부정의 의미이고 뭔가 마음에 안 든다는 뜻이 강하다. 실망했다거나 너무 당황스럽고 황당한 경우, 혹은 너무 마음에 안 들고 싫을 때 이 표현을 쓴다. 특히 어떤 것이 너무 바보 같고 멍청해 보여서 할말이 없을 때 많이 쓴다.

You don't know what a meme is? SMH.
너 meme이 무슨 뜻인지도 몰라? SMH(이런!)

A: I got a headache, I hit myself in the head with my knee while trying to do situps.
윗몸일으키기 하다가 무릎에 머리를 부딪혀서 두통 생겼어.

B: SMH!
이런!

- **TFW** That Feel/feeling When

재미있는 어떤 사진이나 동영상을 보고 어떤 느낌인지를 말할 때 이 표현을 쓴다. 예를 들어 강아지가 시원한 그늘에서 늘어져 자고 있는 사진이라면 "TFW you're off of work"(퇴근하는 기분이야) 이라고 사진과 함께 게시자가 쓸 수도 있고 아니면 댓글로 친구가 이렇게 달 수도 있다. 환하게 웃고 있는 사진이나 기분 좋은 사람이나 동물 사진을 보고 "tfw it's almost friday"(벌써 금요일 같아)라고 느낀 기분을 쓸 때 사용한다. 요새는 동영상이나 이미지를 많이 올리기 때문에 사용빈도수가 높다.

- ## TLDR Too Long, Didn't Read
말 그대로 "너무 길어서 안 읽었어"의 의미로 인터넷이나 모바일 등에 상대가 올린 내용이 너무 길 때 쓴다. 예를 들어 친구가 페이스북에 화상 때문에 아프다는 상태를 말하면서 왜 어떻게 화상을 입었는지 장황하게 썼다면 댓글로 "TLDR, but I hope you feel better soon." 이라고 답할 수 있다.

- ## Verizon
미국은 주요 4대 통신사가 있어서 Verizon, AT&T, T-mobile, Sprint가 유명하다. Verizon이 가장 큰 통신사이며 2018년에 3위였던 T-mobile과 4위 Sprint가 합병되어서 현재는 3개의 큰 회사가 주로 이용된다. 우리가 유심칩이라고 하는 것은 영어로 sim card라고 한다.
영화에서 르네가 버라이존 같은 멋진 회사에서 일하는 것 같다고 비유해서 말하는 장면이 있는데 미국 내 1위의 통신기업이니 우리말로 하면 '대기업에 다니는 것 같다' 정도의 비유적 표현이다.

참조: https://www.rd.com/culture/text-abbrevations/

약 좀 먹었어.

💡	힌트	I took ~
🎬 MOVIE	영화 속 표현	I took a few things.
&	또 다른 표현	I took some medicine.

1. 나 약간 비행기 공포증이 있어.

2. 너무 과한가요? / 너무 헛된 상상인가요?

3. 혼자 먹기엔 너무 많은데.

4. 태블릿에 다 담아 왔어요.

5. 놀랐지만 좋죠?

6. 바로 옆 방에 있어요.

7. 비행기 뜨면, (내리라 하기엔) 늦었죠.

원어민 따라잡기

1 **absolutely nuts** 완전히 미친

중세 영국에서 '머리'를 뜻하는 비속어로 호두를 떠올리며 'nut'이라는 단어를 썼다. 그래서 'nuts' 라고 하면 'crazy / out of your mind'의 의미로 '제정신이 아니다'라고 해석할 수 있다. absolutely는 절대적으로 당연하다는 뜻이 있기 때문에 두 단어가 합쳐서 '완전히 미쳤다'로 쓰이며 상황에 따라 너무 기쁘거나 화가 나서 미치겠다는 의미로도 사용한다.

> example

- **This is absolutely nuts.**
  완전 미쳤어요. / 완전 대박이에요. (I feel pretty 교재 p.232)
- **You must be nuts to go climbing mountains in winter.**
  겨울에 산에 가다니 미쳤어. (from Cambridge Dictionary)

2 **I'm bugging** 미치겠어.

'bugging out'은 좋거나 짜증나는 상황에 모두에 대해서 '미치겠어'와 같은 격한 감정을 표현할 때 사용한다. 같은 단어인 'bugging'은 out 없이 사용되면 '괴롭히다, 귀찮게 하다'라는 뜻을 가질 수도 있다. 그러나 교재에서처럼 감정을 나타낼 땐 'I'm bugging'이라고 단독으로 쓰일 수 있으므로 맥락에 따라 해석해야 한다.

> example

- **I'm bugging, I'm bugging right out, right now.**
  진짜 대박이에요. 신나서 미치겠어요. (I feel pretty 교재 p.232)
- **I won't bug you anymore.**
  더는 귀찮게 안 할게.

3 **If things go as I expect** 계획대로만 된다면

구체적으로 표현하는 것을 피하기 위해 사용하는 단어 'things'은 막연한 상황을 의미하기도 한다. 소개하고 있는 표현은 따라서 '예상하는 것 처럼 상황이 흘러간다면'이라는 의미를 가진다. 이 때, expect는 어떤 사건의 단순한 결과를 예측하는 것일 뿐 결과의 영향력과 그 수준까지는 포함하고 있지 않다. 따라서 이 표현은 가볍게 미래의 상황을 가정해볼 때 사용한다.

> example

- **If things go as I expect they will we have a lot more trips like this in our future.**
  계획대로만 된다면, 앞으로 이렇게 다닐 일이 많을 거야. (I feel pretty 교재 p.234)
- **If things go as I expect, you'll call before you leave the airport.**
  계획대로 되면, 공항 떠나기 전에 네가 전화할걸. (책 Topless Restaurant)

4 **get out** 나오다 / 입밖에 내다

'get out'은 '밖으로 나오다'라는 기본적인 의미에서 주어에 따라 '발표하다, (시장에) 나오다, 입밖으로 나오다' 등의 뜻으로 발전한다. 명령문의 형태로 쓰이면 '비켜, 꺼져'의 의미로도 쓸 수 있다. 어떤 장소에서 나온다는 의미를 담고 싶으면 'get out of~'의 형태로 사용한다.

> example

- **Word will probably get out.**
  어차피 들킬 거 같은데요. (말은 새어나오기 마련이죠.) *(I feel pretty 교재 p.236)*
- **If this gets out there'll be trouble.**
  만약 이것이 알려지면 곤란해질 것이다.

5 **I can ~** ~할 수 있다.

어떤 행위를 할 수 있는 능력이 있다고 말할 때 사용하는 표현이다. 또한, 가능성을 말하거나 허락의 의미로 사용할 수도 있다. 어떤 일을 할 능력이 없을 때는 부정의 형태로 'I can't ~'라고 표현할 수 있고, 상대방의 능력을 묻거나 허락을 구할 때는 의문문으로 'Can you~'를 사용한다.

> example

- **I can grab it for you.**
  뽑아드릴게요. *(I feel pretty 교재 p.96)*
- **I figure I can be real with you guys.**
  저는 정말 여러분들과 일을 잘 할 수 있을 거라고 생각해요. *(I feel pretty 교재 p.110)*
- **I can't walk in heels.**
  나 힐 신으면 못걸어. *(I feel pretty 교재 p.212)*
- **I can hook up to a Bluetooth or I can just be on a remote.**
  블루투스로 연결해도 되고 원격으로 할 수도 있어요. *(I feel pretty 교재 p.234)*

6 **hitch a ride** (지나가는 차를 세워) 차를 얻어타다

지나가고 있는 차량을 돈을 내지 않고 공짜로 얻어 탄다는 의미로 비격식적으로 사용하는 표현이다. 'thumb a ride, bum a ride, hitchhiking'도 같은 의미를 가지는 표현으로 차량을 얻어 타는 사람이 운전하는 사람에게 끌려가는 트레일러 같다는 데에서 유래한 말이다. 차량에 얻어타겠다고 요청하는 것이 트레일러에 연결되는 부분인 hitch와 비슷하다고 여겨 hitch a ride라는 표현이 생겼다.

> example

- **I'm just hitching a ride to the Yankees-Red Sox game.**
  뉴욕 양키스와 보스톤 레드삭스 경기 보러 가려고 몰래 탄 거예요. *(I feel pretty 교재 p.236)*
- **Her car broke down, so she had to hitch a ride with a passing truck.**
  그녀의 차가 고장나서, 지나가는 트럭을 얻어타야했다.

시츄에이션 시뮬레이션

비행기 안내방송은 소속 국적의 언어와 영어로 방송되는데 항공사 마다 약간 다르지만 전달하는 내용은 비슷하다.

Pre-flight announcement (비행 전 안내방송)

Ladies and gentlemen, welcome onboard Flight 487 with service from Hong Kong to San Francisco. (신사 숙녀 여러분, 홍콩에서 샌프란시스코로 출발하는 Flight 487 승선을 환영합니다.)

We are currently third in line for take-off and are expected to be in the air in approximately seven minutes time. (우리는 현재 이륙 순서 3번째이며, 대략 7분 이내로 이륙할 예정입니다.)

We ask that you please fasten your seatbelts at this time and secure all baggage underneath your seat or in the overhead compartments.(이제 안전벨트를 착용하시고 모든 짐은 좌석 아래나 상단 짐칸에 잘 보관하시도록 부탁말씀드립니다.)

We also ask that your seats and table trays are in the upright position for take-off. (이륙을 위하여 좌석과 테이블을 올려주시 기 바랍니다.)

At this time, your portable electronic devices must be set to 'airplane' mode until an announcement is made upon arrival. (이제 휴대용 전자기기는 도착시 안내방송이 있을 때까지 반드시 '비행기' 모드로 맞춰주시기 바랍니다.)

The usage of mobile is strictly prohibited. For safety reasons, you are required to switch them off now. (모바일 기기의 사용은 엄격히 금지됩니다. 안전상 이유로 꺼주셔야 합니다.)

We remind you that this is a non-smoking flight. Tampering with, disabling, or destroying the smoke detectors located in the lavatories is prohibited by law. (이 비행기는 금연비행기입니다. 화장실에 설치된 화재경보기를 불법변경하거나 망가뜨리거나 파괴하는 행위는 항공법에 의해 금지되어 있습니다.

Thank you for choosing Mountain Airlines. Enjoy your flight. (Mountain 항공

Flight announcement

과 함께 해주셔서 감사드리며 편안한 여행 되십시요.)

Captain's announcement (기장 안내방송 샘플1)

Good afternoon passengers. This is _____NAME_____ your captain speaking. (승객여러분 안녕하십니까. 기장 ____ 입니다.)

First I'd like to welcome everyone on Rightwing Flight 86A. (먼저, Rightwing 86A을 탑승하신 여러분들 환영합니다.)

We are currently cruising at an altitude of 33,000 feet at an airspeed of 400 miles per hour. (현재 우리는 고도 33,000피트의 상공을 시간당 400 마일의 대기속도로 순항할 것입니다.)

The time is 1:25 pm. (현재 시각은 오후 1시 25분 입니다.)

The weather looks good and with the tailwind on our side we are expecting to land in London approximately fifteen minutes ahead of schedule. (기후는 좋으며 순풍으로 인해 예정된 스케줄보다 대략 15분 일찍 목적지 런던에 착륙할 것으로 예상하고 있습니다.)

The weather in London is clear and sunny, with a high of 25 degrees for this afternoon. (런던 기후는 맑고 화창하며, 오늘 오후 25도입니다.)

If the weather cooperates we should get a great view of the city as we descend. (만약 기후조건이 좋으면, 착륙시에 멋진 도시경관을 보실 수 있을 것입니다.)

The cabin crew will be coming around in about twenty minutes time to offer you a light snack and beverage, and the inflight movie will begin shortly after that. (기내승무원들이 20분 이내로 간단한 스낵과 음료를 제공할 것이고, 기내영화는 그 후 즉시 시작될 것입니다.)

I'll talk to you again before we reach our destination. (목적지 도착 전에 다시 말씀드리겠습니다.)

Until then, sit back, relax and enjoy the rest of the flight. (그때까지 편안히 기대

어 앉아, 긴장을 푸시고 비행을 즐기시기 바랍니다.)

Captain's announcement (기장 안내방송 샘플2)

Hello everyone, this is the captain speaking, and I want to welcome you to Flight 18 bound for Seattle. (안녕하세요, 승객여러분. 기장입니다. 시애틀행 Flight 18의 탑승을 환영합니다.)

Our flight time today is 2 hours and 14 minutes, and we will be flying at an average altitude of 29,000 feet. (오늘 비행시간은 2시간 14분이며 평균 고도 29,000 피트로 비행할 것입니다.

The local time in Seattle is a quarter to twelve (11:45), and the current weather is sunny, but there is a chance of rain later in the day. (시애틀 현지 시각은 11시 45분이며 현재 기후는 화창하지만 나중에 비가 올 가능성이 있습니다.)

We will be arriving at Gate 13, and we will be announcing connecting flights on our approach to the Seattle airport. (우리 비행기는 13Gate에 착륙할 예정이며 시애틀 공항에 도착시에 연결항공편에 대한 안내를 할 것입니다.)

On behalf of Sky Airlines and the crew, I want to wish you an enjoyable stay in the Seattle area or at your final destination. Sit back and enjoy the flight. (Sky 항공과 승무원을 대표하여 시애틀 혹은 목적지에서 즐거운 체류 시간을 보내시길 바랍니다. 편안히 기대어 앉아 비행을 즐기시기 바랍니다.)

핵심 비행 용어

Life rafts 구명 보트
A life vest 구명조끼
Oxygen masks 산소마스크
an overhead compartment 상단 짐칸
carry-on items / carry-on luggage 기내휴대 수하물
the seat pocket 좌석앞 주머니

lavatories 화장실
occupied (화장실) 사용중
vacant (화장실) 비었음
in-flight magazine 기내 잡지, 기내정보지

- Place the mask over your mouth and nose, like this. Pull the strap to tighten it. If you are traveling with children, make sure that your own mask is on first before helping your children. (마스크를 입과 코위에 이렇게 써주세요. 줄을 잡아당겨 팽팽히 조여주세요. 어린아이와 여행중이시라면 아이를 돕기 전에 먼저 어른의 마스크를 착용하시기 바랍니다.

- we expect some turbulence after take-off due to the unfavorable weather in this vicinity. As a precaution, please keep your seat belt fastened until the fasten seat belt sign is turned off. (부근 악천후로 인하여 이륙 후에 약간의 흔들림(난기류)를 예상합니다. 예방으로 사인이 꺼질때까지 안전벨트를 계속 매고 계시기 바랍니다.)

- Please fasten your seat belt and put seat back and table in the upright position. (안전벨트를 매어주시고, 좌석 등받이와 테이블을 원위치로 해주시기 바랍니다.)

참조: https://www.englishclub.com/english-for-work/airline-announcements.htm

6 백업하기

AVERY _____.

　　　❶ 난 비행할 때 좀 예민해 그래서 뭐 좀 먹었어.

RENEE Cool. Okay, yeah. _____. _____.

　　　❷ 진짜 엄청나요.　　　❸ 신나서 죽겠어요.

AVERY _____.

　　　❹ 일이 예상되로만 되면, 우리는 앞으로 이런 여행을 더 많이 다녀야 할거야.

RENEE What are you talking about? Like vaycays to the Maldives?

AVERY No, I was thinking more like Akron or Milwaukee where we have our factories.

RENEE Okay. Okay. I thought we were going a different way with it. But cool.

AVERY Oh I also want to give you a title. Something like VP of Diffusion Line if you like that?

RENEE Okay. I have a title? VP of the Diffusion Line! Wait should I get like a standing desk or something? _____ No, those

　　　❺ 너무 꿈꾸나요?/너무 과한가요

people always look like they work at Verizon. But I don't know. Are you sure you don't want to sit near the snacks? _____.

　　　❻ 혼자 다 먹고 싶지 않아요.

There's just like so many.

RENEE So let's talk about the keynote speech. So _____.

　　　❼ 모든 것을 테블릿에 다 담았어요.

_____.

　　　❽ 블루투스에 연결할 수도 있고 아니면 그냥 원격 리모트로 할 수도 있어요

I can go to a flat screen...

정답 표현

❶ I'm a slightly nervous flyer so I took a few things.

❷ This is absolutely nuts.

❸ I'm bugging, I'm bugging right out, right now.

❹ Well if things go as I expect they will we have a lot more trips like this in our future.

❺ Is that too fancy?

❻ I don't want to hog them.

❼ I put the whole thing on my tablet.

❽ I can hook up to a Bluetooth or I can just be on a remote.

Let's Match

1) 난 비행 공포증이 있어. •

2) 약 좀 먹었어 •

3) 예상대로 일이 잘되면 •

4) 테블릿에 다 넣어놨어요 •

5) 블루투스에 연결할 수 있어요 •

6) 바로 옆방이에요 •

7) ~해도 괜찮을까요? •

8) 전화 한통 빨리 하다 •

9) 에이브리가 룸서비스 완전히 막아놨어요 •

10) 내 방크기의 두배에요 •

• A) Do you mind if~

• B) I'm right next door.

• C) make a quick phone call

• D) I'm a slightly nervous flyer.

• E) If things go as I expect

• F) I took a few things.

• G) I put the whole thing on my tablet.

• H) I can hook up to a Bluetooth.

• I) This is like twice the size of my room.

• J) Avery had all the room charges blocked from my room.

Happening **21**

The big suite

1 Storyboard

전화로 룸서비스 음식을 시키고 나서 그랜트와 르네는 대화를 나누게 된다. 그랜트는 르네에게 뭔가 이성으로써 관심을 갖는 것처럼 접근하는 것같다. 그랜트는 룸서비스를 기다리는 동안 르네의 매력에 대해 얘기하며 르네에게 깊은 호감을 보이고 있다. 르네는 잘생기고 멋진 그랜트의 이런 접근이 부담스럽기만 하다.

르네에게 깊은 호감을 보이는 그랜트를 바로 옆에 두고 르네는 어찌할 바를 모르고 있다. 룸서비스가 오기 전에 그랜트는 침실까지 들어와서 더 가까이 다가오며 분위기를 진전시키는 듯 한데 바로 그때 이든이 보낸 사진 메시지가 핸드폰에 뜬다. 이든의 힘내라는 메시지를 보며 르네는 갑자기 정신이 아득해진다. 자신에 대한 확신을 잃는 것 처럼 보이고 뭔가 실망한 듯하기도 하다. 설사가 나온다고 변명하며 급히 그랜트를 내보내고 화장실에 물을 틀어놓고 있다가 미끄러져 넘어지고 정신을 잃게 된다.

2 피가되고 살이되는 문화팁

버스나 비행기, 기차 등의 탈것의 요금에는 fare를 주로 사용하는 것처럼, 호텔 요금은 보통 room rates이라고 한다. Rate을 쓰는 이유는 고정된 정가가 아니라 상황과 시기에 따라서 값이 달라지기 때문이고 이런 품목의 가격은 마찬가지로 rate을 쓴다. "What is the rate per night?" (1박 요금이 얼마인가요?)라고 물을 수도 있고 그냥 "How much is it a night?", "How much does it cost per night?"이라고 해도 된다. 그외 호텔에서 여러가지 이유로 절차상 정해진 돈을 내는 것에는 fee를 쓴다. 예를 들어 일찍 체크인 할때 요금(early check-in fee), 예약된 날짜 보다 일찍 나갈때 요금(early check-out fee), 예약취소요금(cancellation fee), 관광을 더 하려고 짐을 맡길 때 요금(baggage holding fee) 등이 있다.

방 종류

- **single** 한 사람용 침대가 있는 1인실
- **double** 두 사람용 침대가 있는 2인실
- **twin** 두 개의 침대가 있는 2인실
- **triple** 세 사람용으로 2개 이상의 침대가 있는 3인실
- **quad** 네 사람용으로 2개 이상의 침대가 있는 4인실. 3인실과 4인실을 구비하지 않은 호텔이 많다. 그대신 4인이상의 가족이 묵을 수 있도록 두 개의 호텔방이 사이에 문하나를 두고 연결된 connecting rooms가 꼭 구비되어 있다. 복도로 나오지 않고 연결된 문으로 마음대로 다닐 수 있으니 유용하다. 동료나 친구와 호텔 옆방을 쓰고 싶으면 adjoining room을 요청해야 하는데 벽 사이에 연결된 문이 있는 connecting rooms와는 달리 중간 문이 없다. 옆방 말고 같은 층의 맞은 편 방을 쓰고 싶으면 adjacent rooms을 요청하면 같은 층으로 배정해 준다.
- **King / Queen** 킹사이즈 침대나 퀸사이즈 침대가 지정된 방에 묵을 수 있는 호텔도 있다.

- **suite** 특실로 호텔마다 종류가 다르게 준비되어 있다. 거실이 딸려서 방이 하나나 두개가 연결되어 있기도 하고 테라스가 멋지게 연결되어 경관이 좋기도 하며 크기가 보통 방들보다 크다. 발음이 똑같아서 sweet이라고 착각하는 사람도 있지만 전혀 다른 단어이다. 호텔마다 다르지만 Presidential suite 이나 Royal suite이 특실 중에서도 최고급 룸이다.

- **Jacuzzi** 호텔마다 사용시설이 다양한데 아시아에는 사우나가 많이 설비되어 있지만 서양에는 자쿠지가 있는 곳이 많다. 커다란 욕조에 수중안마 시스템 (underwater jets)이 갖춰져 있는 형태로 원래는 브랜드 이름이었으나 고유명사화 되어서 크리넥스 처럼 쓰이는 용어이다.

- **Black-out Date** 호텔이나 비행기는 워낙 고가로 거래가 되니 멤버쉽으로 회원관리를 하거나 마일리지 시스템으로 가격에 있어서 많은 할인을 해주거나 업그레이드 해주는 방식이 많다. 근데 이런 혜택이 전혀 적용되지 않는 시기가 있는데 이것을 Black-out Date이라고 한다. 예를 들어 성수기(busy season), 연휴, 특별 기간 등 손님이 넘쳐나서 수요가 큰 시기를 이렇게 정해놓고 있다.

- **overbooking** 호텔이나 비행기 예약에서 정해져 있는 자리나 방의 수보다 약간 더 많이 예약해두는 시스템이다. 이것은 잘못된 것이 아니라 관행적으로 해오는 비즈니스 상의 관례이다. 지난 몇년간의 당일 취소(last minute cancellation), 취소없이 안나타나는 예약자(no show), 예약보다 더 머무는 경우(stay-over), 예약안하고 그냥 온 손님(walk-ins) 등의 비율로 계산하여 통계자료를 내었기 때문에 거의 문제가 생기지 않는다고 한다.

- **Motel** 국내에는 다르게 인식되어 있지만 미국에서의 모텔은 Motor와 Hotel이 합쳐진 의미로 반드시 앞에 자동차 주차장이 있어서 방 문을 열자마자 차에 바로 접근성이 되어 있어야 한다. 건물도 호텔처럼 높은 건물에 엘리베이터로 연결된 것이 아니고 1층이나 2층의 건물로 넓게 퍼져 있다.

- **hostel** 호스텔은 전혀 모르는 남들과 방과 샤워실을 공유해서 쓰는 4인실 6인실로 된 숙박시설이다. 요즘은 해외여행이 보편화되어 있어서 많이 익숙한 형태이며 주로 젊은이들이 이용한다.

• Concierge service 고급 호텔에는 로비에 프론트 데스크나 그 옆에 콘씨어지(concierge)라는 직원이 항상 상주해 있다. 손님에게 여행에 관련된 정보와 편의를 도와주는 식솔으로써 택시나 버스 등을 알아봐주거나 주변의 음식점부터 여러가지 관광지, 부대시설 이용 등에 관한 상세한 정보를 주고 도와주는 일을 한다.

• complimentary toiletries 칫솔, 치약, 비누, 샴푸, 면도칼 등 개인 세면도구를 호텔이 공짜로(free of charge)로 제공해주는 것을 말한다. Complimentary는 '공짜의, 무료로 제공하는' 의 의미이다.

모르는 척 하네.

	힌트	**not know**
MOVIE	영화 속 표현	**Like you don't know.**
&	또 다른 표현	**You pretend not to know.** **Play possum.**

1. 뭐 먹을래요?

2. 스위트룸 큰 걸 잡아줬네요?

3. 내 방 두 배는 되겠어요.

4. 제가 살고있는 집보다도 커요.

5. 옆에 둘게요.

6. 설사를 해요.

7. 그만 가 볼게요.

4 원어민 따라잡기

1 **have** 목적어 p.p (목적어)가 ~되게 하다

'have'가 5형식의 문장으로 쓰이면 일을 부여하는 사역의 의미를 가진다. 이 때 목적어가 사물, 물건, 몸의 일부로 어떤 동작을 당하는 입장이라면 과거분사의 형태를 써야한다. 기본 해석은 '(목적어)가 ~되게 하다'지만 우리말 어법에 맞는 자연스러운 해석을 해야한다.

example

- **Avery had all the room charges blocked from my room.**
  누나가 제 방에서 룸서비스 시키는 걸 못하게 막아 놨어요. (I feel pretty 교재 p.240)
- **Did you have your computer fixed?**
  컴퓨터 고쳤어?

2 **twice the size of ~** 두 배는 더 크다 / 크기가 두 배다

배수사를 가지고 할 수 있는 표현은 크게 세 가지가 있는데, 이 영화에서는 '배수사 + the 명사 of ~'가 나온다. '두 배'라는 뜻의 'twice' 말고도 다양한 배수사를 넣어 크기나 양, 정도 등을 표현할 수 있다. 배수사를 활용한 또 다른 형태로는 '배수사 + as 형용사/부사 as' '배수사 + 비교급 than'이 있다.

example

- **This is like twice the size of my room.**
  내 방 두 배는 되겠어요. (I feel pretty 교재 p.242)
- **The African continent is four times the size of the European one.**
  아프리카 대륙은 유럽 대륙보다 네 배가 더 크다.

3 비교급 **than ~** ~보다 더 크다

사람이나 사물을 가지고 무엇이 더 나은지 비교하는 경우에 사용하는 표현으로 'than' 다음에는 비교 대상을 쓴다. 앞에 much/even/still 등과 같은 부사를 사용하면 비교하는 표현을 더 강조하게 된다.

example

- **I hope her buns are tighter than this penmanship.**
  몸매가 글씨보다 더 탄탄하길 빌어야겠어요. (I feel pretty 교재 p.152)
- **It's bigger than my apartment.**
  제가 살고있는 집보다도 커요. (I feel pretty 교재 p.242)
- **I think I deserve better than that.**
  내가 그 이상은 되는 사람이라고 생각하는데요. (I feel pretty 교재 p.276)

4 **go over** 검토하다

앞에서 'go + 전치사'가 전치사에 따라 여러가지 뜻을 가지는 것을 이미 살펴보았다. 이번에는 'go over'의 형태로 '검토하다'라는 의미를 가진다. 이 단어는 'review'와 비슷하게 사용할 수 있는데, 'review'는 잘 기억하기 위해서, 또는 사실을 간추리기 위해서 전체적으로 다시 살펴볼 때를 말하고 'go over'는 중요한 부분을 자세히 살펴보는 것을 말한다.

example

- **I'm supposed to go meet your sister at the bar to go over the presentation.**
  준비한 프레젠테이션을 검토해야해서 대표님이랑 바에서 만나기로 했는데. (I feel pretty 교재 p.244)
- **Could you go over this report and correct any mistakes?**
  이 보고서 검토해서 수정해줄 수 있어요? (Macmillan Dictionary)

5 see if ~ ~를 알면

'see'가 '알다' 라는 의미로 쓰이면 몰랐던 사실을 이제서야 알게 되었다는 뉘앙스를 가진다.
if는 '~인지 아닌지'라고 해석할 수 있기 때문에 몰랐던 사실에 대해서 그러한지 아닌지를 한 번
살펴보자라고 말할 때 이 표현을 사용한다.

example

- **Looking behind to see if there is anyone else in line.**
  다른 사람이 줄 서 있나 싶어 뒤를 돌아 본다. (I feel pretty 교재 p.98)
- **See if I'd know she was going to do that, I would have just asked to room with you from the beginning.**
  누나가 그럴 줄 알았으면, 아예 처음부터 당신이랑 방 같이 쓰자고 할 걸 그랬어요. (I feel pretty 교재 p.242)

6 look like~ ~처럼 보인다 / ~할 것 같다

시각적으로 보이는 것을 기반으로 받는 인상을 말할 때 쓰는 표현으로 'look'을 단독으로 사용할 때는
뒤에 형용사를 쓰지만 명사나 문장을 쓸 때는 'look like~'의 형태로 사용한다.

example

- **I just I don't know if I look like me.**
  나처럼 안보여. (I feel pretty 교재 p.26)
- **It looks like my eyes are bleeding.**
  눈에서 피나는 거 같아요. (I feel pretty 교재 p.88)
- **Looks like you're totally prepared for this meeting tomorrow.**
  내일 미팅 준비 진짜 열심히 했네요. (I feel pretty 교재 p.244)

시츄에이션 시뮬레이션

호텔에 머무는 동안 전화로 문의할 수 있는 대화를 살펴보자.

룸서비스를 요청할 때

A: I'd like you to bring me some food.
음식 좀 가져다 주세요.

B: Just name it, sir.
말씀만 하세요.

A: Please send up a bottle of champagne, lobster tail, and filet mignon, medium rare.
샴페인 한병하고, 가재 꼬리요리 그리고 안심스테이크를 미디엄 레어로 올려 보내주세요.

B: Regrettably, we're currently out of filet mignon. May I suggest the porterhouse instead?
죄송하게도, 안심스테이크가 떨어졌습니다. 대신 티본스테이크로 드시겠습니까?

A: Sure, I love porterhouse, too.
물론이죠, 티본스테이크 좋아요.

B: Would you be interested in chocolate-covered strawberries with the champagne?
샴페인과 어울리게 초콜렛을 묻힌 딸기는 어떠세요?

A: I'd love to, but I'm allergic to strawberries.
그러면 좋은데 제가 딸기 알레르기에요.

B: Okay, no strawberries tonight. The items will be charged to your amenities account.
오늘밤 딸기는 안되시는군요. 방의 객실서비스 계정에 달아놓겠습니다.

A: Go right ahead.
그래주세요.

B: Our staff will bring you your order in as short a time as possible.

저희 직원이 가급적 빨리 주문음식을 가져다 드릴겁니다.

세면용품을 요청할 때

A: I'd like to request some more amenities.
서비스 용품 좀 더 요청하고 싶습니다.

B: Amenities? What do you mean by amenities, sir?
서비스 용품이요? 무슨 용품 말씀하시나요. 손님?

A: The free stuff, you know, the soap, lotion, shampoo, etc.
공짜 용품이요, 비누, 로션, 샴푸 등등요.

B: I see. sir, if I may ask: Have you used up all the amenities in your room?
알겠습니다, 손님. 여쭤봐도 될런지요, 객실에 모든 용품을 다 사용하셨습니까?

A: I've already used up shampoo.
이미 샴푸를 다 썼습니다.

모닝콜(wakeup call) 요청할 때

A: Can you give me a wake-up call tomorrow?
내일 모닝콜 좀 해주세요.

B: Not a problem. What time do you want the call?
물론이죠. 몇시 전화를 원하십니까?

A: I need two calls, one at 7 and another at 7:15.
2번 해주세요, 7시에 한번, 7시 15분에 한번 더요.

B: We can certainly do that. Expect a call from us at 7:00, and then again at 7:15.
그렇게 하겠습니다. 7시에, 7시 15분에 전화하겠습니다.

A: Actually, can I change the latter wake-up call to 7:30 am?

실은, 나중 모니콜을 7시 30분으로 변경할 수 있을까요?

B: I can certainly do that. Is there anything else?
그럼요. 더 있으십니까?

A: No, that's about it for now. If I do think of something, I'll be sure to call again.
아뇨, 지금은 되었습니다. 더 생각나면 다시 전화하겠습니다.

B: Okay. Good night, sir.
알겠습니다. 좋은 밤 되십시요, 손님.

인터넷 연결에 관해 물을 때

A: How do I get online with my laptop?
내 노트북을 어떻게 인터넷에 연결할 수 있을까요?

B: Just plug the Internet cable into your computer, and you'll be online in a heartbeat.
인터넷 케이블을 컴퓨터에 연결하시면 금새 연결됩니다.

A: I see the cable. But my computer runs on wireless only.
케이블이 보여요. 근데 제 컴퓨터가 무선 인터넷 전용이거든요.

B: No problem. I'll tell you about our alternatives. Our state-of-the-art computer lab is on the first floor.
문제 없습니다. 대안을 말씀드릴게요. 저희 최신식 컴퓨터실이 1층에 있습니다.

A: Great! But is it free?
잘됐네요. 공짜인가요?

B: Sir, the computers are free to guests, but you do have to pay a nominal printing fee.
컴퓨터사용은 객실손님께는 무료이지만 보통 인쇄 비용은 지불하셔야 해요.

A: You said there were other alternatives?
대안이 있다고 하시지 않았나요?

B: Just use your computer here in the lobby. It's set up for wireless.
로비에서 컴퓨터를 사용하십시요. 무선설정이 되어있습니다.

A: That sounds like a winner. Now if I need to print something in the lobby?

가장 좋은 방법 같네요. 이제 로비에서 인쇄할 수 있는지요?

B: We might have a printer here next month. But for now, you'll have to go to the lab.
다음 달에 여기에 프린터를 구비할지 모릅니다. 그러나 현재는 컴퓨터실로 가셔야 합니다.

짐 맡기고 더 관광하고 싶을 때

A: I should tell you that I'm checking out in about 30 minutes.
30분 정도이내에 체크아웃 할 것 같습니다.

B: I'm ready when you are, sir.
저희는 준비되어 있습니다, 손님

A: Very good! Now, it's still morning here in New York.
잘되었네요. 여기 뉴욕이 아직 이른 아침이라서요.

B: You are so right, sir.
맞습니다.

A: I still have time to explore more of New York, but I need a place to secure my baggage.
뉴욕 몇군데를 돌아볼 시간이 있지만 짐을 보관할 장소가 필요합니다.

B: We have a storage place here, but you have to leave a deposit.
여기 호텔에 장소가 있지만, 보증금을 지불하셔야 합니다.

A: A deposit, huh? I would think my baggage would be enough of a deposit.
보증금요? 제 짐 자체가 충분히 보증금 역할이 될텐데요.

B: Just present your VISA card, and there won't be any problems.
비자 카드를 제시해 주시면 문제가 없을 겁니다.

A: That deposit bothers me. Give me a minute.
그 보증금이란게 .신경쓰이네요. 잠시만요.

B: Okay, sir, but remember how close it is to your checkout time.
네, 손님, 근데 체크아웃 시간이 다가옵니다.

참조: https://www.eslfast.com/robot/topics/hotel/hotel.htm

백업하기

RENEE _____.

❶ 프리젠테이션 검토하려고 바에서 누나랑 만나기로 되어 있어요.

GRANT _____. Wow.

❷ 음식이 오면 바로 나갈거예요.　　　　　　❸ 당신 내일

_____.

회의를 위해서 정말 준비 잘한 것같네요.

RENEE Yeah.

GRANT I'm sure you'll just dazzle them as per usual.

RENEE I dazzle?

GRANT Please, _____. Come on, you dazzle my sister, my

❹ 모른척하시네.

grandma. Me.

RENEE What?

GRANT Come here, sit down. _____, Renee. But

❺ 당신이 어떻게 하는지 모르겠네요.

you've gotten a whole lot of women who always think they know best
to sit up and take notice of you. And what you think, and who you are.

RENEE Me?

GRANT Yeah. _____.

❻ 난 내 방값도 제대로 처리조차 못하는데요.

RENEE Yeah but, a lot of women notice you too.

GRANT Maybe. But _____. I think.

❼ 그건 우리 집안 돈때문이죠.

RENEE Yeah, no.

GRANT Maybe not?

RENEE No.

❼ that's just because of my family's money.

❻ I can't even get my room charges covered.

❺ I don't know how you do it

❹ like you don't know.

❸ Looks like you're totally prepared for this
meeting tomorrow.

❷ I'll just leave as soon as the food comes then.

❶ I'm supposed to go meet your sister at
the bar to go over the presentation. **영어표현**

Let's Match

1) 가서 만나기로 했어요. •

2) 프리젠테이션을 검토하다 •

3) 음식 오면 바로 갈게요 •

4) 당신이 어떻게 하는 건지는 모르겠어요 •

5) 난 방값도 하나 제대로 해결 못해요 •

6) 그건 ~ 때문이야 •

7) ~인 것 같아요 •

8) 나는 당신 돈을 노리고 있어요 •

9) 가주세요 •

10) 설사 나와요 •

• A) That's just because of ~

• B) I feel like~

• C) I'll just leave as soon as the food comes then.

• D) I don't know how you do it.

• E) I can't even get my room charges covered.

• F) I'm supposed to go meet

• G) I need you to go.

• H) I'm getting diarrhea.

• I) to go over the presentation

• J) I'm gunning for your money.

Let's Match 1→F   6→A
2→I   7→B
3→C   8→J
4→D   9→G
5→E   10→H

Broken spell

1 Storyboard

화장실에서 기절했다가 눈을 뜬 르네는 머리에 상처가
나서 피가 흘렀다. 시간을 확인하며 늦은 것을 알게 되어 급히 호텔 로비로 내
려간다. 로비에서 메이슨을 발견하게 되는데, 갑자기 거울 속 자신의 모습을
보고 놀란다. 예전의 자신으로 돌아온 것을 알아차리게 된 것이다. 절망한 르
네는 너무나 당황하고 중요한 행사에 참여할 수 없다고 생각한다. 사실 자신
의 모습은 똑같지만 예뻐지는 마법이 풀렸다고 착각하는 것이다. 직접 발표하
는 것을 포기하고 자료를 메이슨에게 넘기며 에이버리에게 전해달라고 한다.
뉴욕으로 돌아온 르네는 상실감에 세상이 무너질 것만 같다. 다행히 에이버리
의 메시지가 도착해있는데 행사는 무사히 잘 끝났다고 전한다. 이때 이든의
화상전화가 걸려 오는데 무심코 받다가 자신의 모습이 바뀐걸 기억하고는 숨
어버린다. 왜그런지 모르는 이든에게 르네는 허리를 다쳤다고 거짓말을 하고
개미약을 쳤다고 또 거짓말을 해서 이든이 못 오게 한다.
마켓에 먹을거리를 사러간 르네는 취한데다가 꼴이 엉망이다. 계산하려고 줄
을 섰는데 바로 앞의 노년의 남자가 르네 뒤의 예쁜 여성에게 말을 걸어 먼저
계산하라고 친절을 베푼다. 달랑 껌 한통이었기 때문에 나름 배려를 해주려고
하는 것 같다. 자신의 예쁜 모습을 마법이 풀려 잃어버려서 상실감이 큰데 술
까지 취했으니 누가봐도 주정뱅이같다. 술병을 들고 마시며 기분이 엉망인데
이런 불합리한 일을 당하니 르네는 노년의 남자에게 험한 말로 모욕을 준다.

피가되고 살이되는 문화팁

발표(presentation)는 국내에서는 PT로 불리며 직장을 얻기 위해서도, 직장을 얻은 후에도 발표를 하게 되는 일은 굉장히 많다. 특히 비즈니스 상황에서 능력있는 제대로 된 발표는 회사의 소득에 엄청난 영향을 미치게 하므로 정말 중요한 업무 능력이다. 영화에서 르네도 발표준비를 많이 하고 노력하는데, 발표에 pitch라는 단어를 사용하고 있다. 두 어휘는 우리말로 둘다 발표라고 하지만 의미 차이가 있다. Pitch는 한마디로 돈을 벌기 위한 발표 즉 투자금을 유치하기 위한 발표를 의미한다. 즉 발표를 통해 청중이 돈을 기꺼이 내어놓고 제품을 사거나, 펀드를 제공하거나 하는 목적을 갖는다. 그러니 비즈니스 상황에서 하는 거의 모든 발표는 pitch를 쓰는 것이 더 적당하다. 그리고 발표 시간이 대략 3~5분 정도로 짧은 시간내에 행해야 한다고 한다. 반면에 Presentation은 일반적인 목적이나 공적인 목적으로 하는 발표로 주로 정보를 준다거나 엔터테인먼트 의도 혹은 교육이나 영감을 불러주기 위한 것이다. TED 같은 것이 대표적인 예라고 할 수 있다.

- **pitch deck / deck** 투자자들에게서 투자를 얻기 위해 하는 발표를 할 때 보조도구로 사용하는 설명 자료이다. 회사의 사업 계획, 목적, 제품 등등을 소개하는 자료로 주로 파워포인트(PowerPoint)나 키노트(Keynote), 프레찌(Prezi) 같은 발표 프로그램을 이용하여 제작한다. 빠른 시간안에 명확하고 확실한 정보를 전달해야 하기 때문에 주로 7~11개 정도의 슬라이드로 만드는 것을 추천한다고 한다. 워낙 형식도 다양하고 추천도 다양하지만, Guy Kawasaki라는 애플과 구글을 위해 일했던 마케팅 전문가의 추천 형식이 유명하다.

1. Title
2. Problem/Opportunity
3. Value Proposition
4. Underlying Magic
5. Business Model
6. Go-to-Market Plan
7. Competitive Analysis
8. Management Team
9. Financial Projections and Key Metrics
10. Current status, accomplishments to date, timeline and use of funds

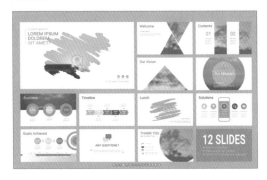

- **elevator pitch** 제품, 아이디어, 회사 등등에 대한 짧은 설명을 매우 짧은 시간  내에 이해하기 쉽도록 발표하는 것을 말한다. 엘리베이터가 올라가는 시간인 30초에서 2분 이내의 시간에 요약을 명료하게 전달하는 것이라는 의미에서 이름이 붙여졌다고 한다.

- **Pivot** 단어의 의미는 원래 '중심축, 회전축' 으로 원래하던 사업아이템과 사업모  델을 바꾸는 것을 피봇, 혹은 피봇팅이라고 한다.

- **keynote speech / keynote address** 국제회의나 학술회의 등의 여러가지 발표가 이루어지는 행사에서 가장 중요하고, 가장 먼저 하는 주요 발표를 말한다.

- **AV** Audiovisual 혹은 Audio/video의 약자이다. 어떤 종류의 발표든지 말로만 전달하면 청중의 이해와 공감을 끌어내기가 쉽지 않을 것이다. 위에서 언급한

pitch deck같은 발표용 자료를 만들 때 요새는 시각적이고 음향적인 미디어를 이용해야 지루함을 덜어주고 이해를 쉽게 도와줄 수 있을 것이다. 영화에서도 컴퓨터 전문가인 메이슨이 르네의 발표를 위한 자료를 만드는 일을 전달받아서 작업을 한다.

최고예요.

💡	힌트	**Never ~**
🎬 MOVIE	영화 속 표현	**Never better.**
&	또 다른 표현	**It's the best.** **Couldn't be better.**

1. 에이버리 대표님을 찾고 있는데요.

2. 여기서 그녀를 만나기로 했어요.

3. 우연의 일치네요.

4. 아파 죽겠네.

5. 저 알아 보겠어요?

6. 도대체 무슨 일이에요?

7. 나도 가고 싶어요.

원어민 따라잡기

1 **get** 목적어 –ing (목적어)가 ~하는 걸 시작하게 만들다

사역의 의미를 가지는 'get'을 사용하게 되면 보통 to부정사를 쓴다고 알고 있는데, 이 경우는 어떤 행위를 시키고 그 동작을 하는 데 어느 정도의 노력이나 어려움이 따른다는 뜻이 내포되어 있다. 하지만 –ing의 형태를 쓰게 되면 시작하게 만든다는 뉘앙스를 담게 된다.

> **example**

- **You've got blood spurting out of your head.**
  지금 당신 머리에서 피나요. *(I feel pretty 교재 p.260)*
- **Don't get her talking about her problems.**
  그녀가 문제에 대해 말하게 하지 마.

2 **I'm (just) getting ready for ~** 그냥 ~를 준비하는 중이야

'준비하다'라는 뜻을 가진 단어는 'ready'와 'prepare'이 있지만 일상생활에서의 격식을 차리지 않은 대화에서는 ready를 주로 사용한다. 또한 'get ready'는 준비를 시작하는 뉘앙스를 가진다면 'be ready'는 비슷한 의미지만 '(이미) 준비된 그 상태에 있다'는 의미를 내포한다. 소개하고 있는 표현처럼 진행형으로 쓰이게 되면 준비 중인 상태를 말한다.

> **example**

- **Ready to get some dinner?**
  저녁 먹으러 갈까요? *(I feel pretty 교재 p.176)*
- **I'm just getting ready for the Target Pitch tomorrow.**
  내일 있을 할인점 미팅 준비하고 있었어요. *(I feel pretty 교재 p.260)*
- **This line is for every girl who is ready to believe in herself!**
  우리의 이 새로운 라인은, 바로 그렇게 스스로를 믿는 이 세상 모든 여성들을 위한 제품입니다! *(I feel pretty 교재 p.298)*
- **Get ready for school!**
  학교 갈 준비해!

3 **what if ~** ~하면 어쩌지? / ~하면 어떨까?

현재 또는 미래의 상황에 대해 가정 섞인 질문을 하는 표현으로 일상생활에서 굉장히 많이 사용된다. 경우에 따라서 예상치 못한 일이 발생할 가능성에 대한 우려를 나타내는 표현이기도 하다.

> **example**

- **What if we don't always feel this strongly about the actors.**
  우리가 나중에까지 그 배우들을 열정적으로 좋아하지 않게 되면 어쩌지? *(I feel pretty 교재 p.84)*
- **What if I come over and take care of you?**
  내가 가서 간호해주는 게 어떨까? *(I feel pretty 교재 p.264)*

4 **must have p.p ~** ~했음에 틀림없어 / 틀림없이 ~ 했어

조동사는 다양한 뜻을 가지고 있지만 'have p.p'와 함께 쓰이면 과거 시점에 대해 추측을 할 때 사용한다. 'must'는 추측의 의미일 때 가능성이 100%에 가까운 근거 있는 추측에 사용되므로 과거 사실에 대해서도 근거 있는 추측을 할 때 쓰는 표현이다. 발생했던 일에 대해 강한 추측을 나타내기도 하지만 과거에 대해 개인적인 의견을 표현하고 싶을 때도 사용한다.

example

- **I must've broken the spell.**
  마법이 풀렸나 봐요. (I feel pretty 교재 p.260)
- **Must have slipped my mind.**
  내가 잊어버렸나봐. (미드 Modern Family)

5 **I knew ~** ~일 줄 알았어

자신이 생각했던 게 맞았다라는 걸 표현하고 싶을 때 사용하는 표현으로 이미 했던 추측에 대해 확인할 때 사용한다. 자신이 생각했던 대로 되지 않아 '그렇게 될 줄 몰랐어' 라고 말하고 싶을 때는 부정형 'I didn't know ~'가 아니라 'I thought ~'라고 말해야 한다는 것을 참고해 두자.

example

- **I knew it.**
  그럴 줄 알았어! (I feel pretty 교재 p.58)
- **I knew it couldn't last!**
  물론 영원하지 않을 줄은 알았지만! (I feel pretty 교재 p.260)
- **I knew I felt different.**
  어쩐지 다르더라니. (I feel pretty 교재 p.260)

6 **How about ~** ~은 어때?

이 표현은 권유하거나 제안을 할 때 쓰는 말로 상대방의 생각을 묻는 것이 아니라 원하는 걸 묻는 표현이다. 뒤에 명사, 동명사, 문장의 형태가 올 수 있다. 'what about~'도 같은 의미로 해석되지만 상황에 따라서 '~어떻게 됐어? 어떻게 해?'와 같은 의미로 사용할 수 있다.

example

- **How about this Saturday night, I'll take you out.**
  이번주 토요일은 어때요? 데리러 갈게요. (I feel pretty 교재 p.264)
- **How about, I buy you a drink while you wait?**
  기다리시는 동안 한 잔 사도 될까요? (I feel pretty 교재 p.272)

5 시츄에이션 시뮬레이션

줄을 서는 것은 동서양을 불문하고 누구나 지켜야 할 상식적인 일이다. 국내에서도 이제 줄을 선다는 것에 대해 많이 익숙해지고 질서를 지키는 것이 상당히 습관화되었다. 미국은 특히 줄을 서는 질서가 생활의 기본이라서 어릴 때부터 교육을 단단히 받는다. 일처리와 업무의 진전이 한국과는 비교도 안되게 그 속도감이 느리기 때문에 줄을 서는 일이 다반사다. 식당에서부터 관공서, 은행, 쇼핑 장소 등등 어딜가나 줄을 서야 한다. 무슨 용무를 보러 어디 왔는데, 사람들이 앞에 서있다면 무조건 이런 질문들을 해야한다.

Are you in line? (줄을 서신건가요?)
Are you waiting in line?
Is this a line?

이 문장들의 끝에 for (장소)로 화장실, 레스토랑, 콘서트 등등 장소나 목적을 붙이면 무슨 줄인지를 물을 수 있다. On line인지 In line인지 많이 헷갈리는 부분인데, in line을 쓰는게 더 보편적이라고 한다. 사실 On line으로 쓰는 사람도 많고 소통하는데에는 전혀 문제가 없지만 인터넷에 연결되는 것으로 오해될 수도 있다. 영국영어에서는 Queue를 많이 쓴다.

생활질서로 습관이 되어있어도 줄을 서는 일은 워낙 스트레스 받는 일이기 때문에 이에 관련된 기사도 많고 대처방안도 많이 인터넷 상에서 토론되기도 한다. 감정적으로 기분나빠지고 화가 나는 일이 많이 생기기 때문이다. 특히 매너없이 중간에 내앞에서 끼어드는 사람(a line cutter/ someone cutting in line in front of you)이 나타나면 정말 화가 한다. 어떤 기사에서는 "Excuse me, but I believe you just cut in line." 이라고 분명히 밝혀야 하고 일을 바로잡아야 된다고 조언하고 있다.

미국에서 굉장히 인기있는 코믹 TV시트콤인 *Curb Your Enthusiasm* 이라는 쇼에서도 이것을 일화로 재미있는 에피소드가 워낙 유명하다. 주인공인 래리와 친구 제프가 뷔페식당에서 음식을 받으려고 줄을 서 있는데, 갑자기 난데없이 한 여자가 래리 바로앞의 남자에게 아는 사람인척 나타나서 말을 걸며 슬쩍 줄에 끼어든다.

Larry	**You see what's going on over here?** 여기서 무슨 일이 벌어지는줄 알아?
Jeff	**No.** 아니.
Larry	**She's doing a chat and cut.** 저 여자가 수다떠는 척하며 새치기하는 거야.
Jeff	**A chat and cut? Really?** 수다떨며 새치기? 진짜?
Larry	**She's feigning familiarity with someone she vaguely knows - for the sole purpose of cutting in line.** 잘 알지도 못하는 누군가와 친근한 척 하면서 말야, 유일한 목적인 새치기를 하려고.
Jeff	**You're sure?** 정말?
Larry	**Positive. She'll be picking up a plate any second. Watch! There There she goes. Yeah.** 확실하지. 곧 저 여자가 접시를 집어들거야. 봐! 그렇지, 그럼. **Uh, excuse me.** 실례합니다.
Line cutter	**Yeah? Hi.** 네, 안녕하세요
Larry	**Hi, first of all. Congratulations on a great attempt at a chat and cut. Really good. 99 times out of 100, that's gonna work. Unfortunately, I happen to be on the line so...** 안녕하세요, 먼저요. 수다떨면서 새치기 멋지게 시도하신거 축하해

요. 진짜 잘하시네. 100번 중에 99번은 성공하셨겠죠. 근데 안됐지만, 제가 줄을 서 있거든요.

Line cutter Okay, I don't I don't know what you're talking about. I just saw my friend...
무슨 말씀인지 모르겠네요. 방금 제 친구를 만났는데요.

Larry I know a chat and cut when I see it.
내가 보면 수다떨며 새치기 딱 알아봐요.

Line cutter Okay, all right.
알았어요.

Larry You used this fellow, This poor, innocent fellow to sneak into the line. Do you even, Do you know her at all?
당신은 이 사람을 이용했어요. 이 불쌍한 순수한 사람을, 새치기를 하려구요. 심지어 거기 남자분 이 여자를 아세요?

man Well, I mean I mean, to be fair, we met like eight years ago.
어, 사실, 사실 말씀드리면, 8년 전에 만났던 것 같아요.

Line cutter He remembers, so...
이 사람이 기억하니까 그러니...

man No, I honestly don't.
아니에요, 솔직히 말하면 기억 안나요.

Larry You think she's doing a chat and cut?
당신도 그녀가 수다떨며 새치기 한거 같죠?

man I kinda feel like you are.
당신이 그런 것같아요.

Larry Yeah. You see?
봤죠?

man I feel a little manipulated.
교묘히 조정당한 것 같아요.

Larry Yeah, he's been He's been manipulated. You manipulated him, that's what it is.
그래요, 그는... 그는 조정당한거에요. 당신이 그를 이용했다구요,

바로 그거에요.

Line cutter You want me to get back in line? Would that make you feel better?
제가 줄을 다시 서길 바라는 거에요? 그럼 기분 좀 나아지겠어요?

Larry Yes, it would. Yes.
네, 그럼요

Line cutter Yeah. Fine. You are unbelievable, you know that?
좋아요, 그럼. 당신 정말 어이없네요. 그거 알아요?

Larry Really?
정말요?

Line cutter Yeah. Yeah, because, you know what? You just have to That's your job. Bust people as they come through
네, 네, 왜냐면요, 당신이 꼭 그래야 해요? 그게 당신 일이군요. 사람들이 잘 하고 있을 때 괜히 잡아내야 해요

Larry Yeah. Uh-huh. And look, you just did it again.
네, 네. 보세요, 당신 또 그랬죠.

Line cutter What? No, I'm I'm
뭐라구요? 나는…

Larry Oh so, seriously, I'm not even gonna say anything this time. I respect your skills, really. Excellent.
진짜, 진심이에요. 이번에는 어떤 말도 안할게요. 당신의 기술 존경스럽네요, 진짜요.

Line cutter Thanks. 고마워요.

참조: 미국 드라마 Curb Your Enthusiasm 8시즌 에피소드 5
https://www.springfieldspringfield.co.uk/view_episode_scripts.php?tv-show=curb-your-enthusiasm&episode=s08e05

6 백업하기

MASON Renee. Whoa, are you okay?

RENEE Yeah, _____. _____, _____
　　　　　 ❶ 최고로 좋아.　　　❷ 에이버리를 찾고 있어요.　　　❸ 여기서

_____, but I'm really late. _____
만나기로 했거든요.　　　　　　　　　　❹ 그녀를 봤어요?

MASON _____.
　　　　　 ❺ 당신 머리에서 피나요.

RENEE Oh yeah, _____. What are you doing here?
　　　　　　　　❻ 정말 아파요.

MASON _____ tomorrow.
　　　　　 ❼ 내일 Target에서 하는 발표 준비하고 있어요.

_____.
　　　❽ 그들이 영상 만들라고 했어요.

RENEE Wait a minute. _____
　　　　　　　　　　　　　　❾ 저를 알아보겠어요?

MASON Yeah.

RENEE You recognize me right now, no problem.

MASON Yeah, I mean the blood threw me a little but...

RENEE Oh my God, I knew I felt different. Oh my God... Please let it not be gone. Please God. Please. Please. Please. No. No. No. No! It's gone! It's gone! I said... I said who are you into the foggy mirror, and I hit my head. _____. And it's gone! I knew, _____
　　　　　 ❿ 마법을 깨뜨린게 틀림없어.　　　　　　　⓫ 영원히

_____ Why would that last? You're so stupid Renee!
지속되지 않을 줄은 알았지.

❺ It really hurts.
❹ You've got blood spurting out of your head.
❸ Have you seen her?
❷ I'm supposed to meet her down here
❶ I'm looking for Avery LeClaire
　　　　　　　　　　　　　　　　　　　　영어 표현 ❶ never better.

⓫ I knew, I knew it couldn't last!
❿ I must've broken the spell.
❾ You recognize me?
❽ They want me to do some AV stuff.
❼ I'm just getting ready for the Target Pitch

302 아이필 프리티 자막없이 보기

Let's Match

1) 최고에요 •

2) 찾고 있어요 •

3) 그녀를 만나기로 했어요 •

4) 혹시 봤어요? •

5) 당신도 거기 있으면 안되죠 •

6) 진짜 아파요 •

7) 내가 마법을 깼나봐요 •

8) 무슨 일이에요? •

9) 나도 거기 가면 좋겠어요 •

10) 지금 몰골이 말이 아니라서요 •

• A) I must've broken the spell.

• B) I wish I could be there.

• C) I'm looking for Avery.

• D) never better

• E) What's wrong with you?

• F) I don't really look my best right now.

• G) I'm supposed to meet her.

• H) Have you seen her?

• I) You shouldn't be there anyway.

• J) It really hurts.

Happening **23**

Gone

1 Storyboard

제인과 비비안을 찾아가지만 그들은 르네를 전혀 반기
지 않고 오히려 피하려고 한다. 르네는 자기가 더이상 예쁘지 않기 때문에 친
구들도 이런다고 생각하고, 제인과 비비안은 르네에게 따끔하게 충고한다. 게
다가 남자들과 방탈출게임을 하러간다는 말을 듣고 르네는 같이 가고 싶어하
지만, 이상하게 행동했었던 지난 번 모임을 생각하는 친구들은 르네를 거절한
다.

이든을 만나기로 한 데이트장소에 르네는 도착하지만 마법이 풀린 예전의 자
신의 모습을 이든은 전혀 알아보지 못할 거라고 절망하고 멀리 떨어져 앉는
다. 이런 르네를 보고 있는 이든은 장난인줄 알고 낯선 남자처럼 접근해서 역
할극을 하는 것처럼 맞장구를 친다. 자신을 이든이 알아보지 못한다고 생각한
르네는 대화 중에 뛰쳐나와서 이든에게 이별을 선언한다.

2 피가되고 살이되는 문화팁

● **Escape the room** 방탈출 게임

Escape room, escape game이라고도 한다. 참여자들이 방에 갇히게 된 상황
에서 협동하여 함께 실마리를 발견하고 퍼즐을 풀어서 미션을 수행하는 게임이
다. 예를 들어, 갑자기 치명적인 바이러스가 세상에 퍼지기 시작하니 치료법을
발견하고 전체 팀이 감염되기전에 실험실을 탈출하라는 미션이 떨어지면 그 미
션을 해결하는 것이다. 힌트를 통해서 직관력, 추리력, 논리력 등을 이용하고
동료들과 합심해서 문제를 풀고 퍼즐을 푸는 것이라서 상당히 머리를 쓰는 게임
이다.

미국 대도시에서 최근에 인기를 끄는 게임으로 예약을 하고 갈 정도로 인파가 몰
린다고 한다. 8명 혹은 10명까지 가능하며 낯선 사람과도 함께 입장할 수 있고,
여러가지 테마 중에 하나를 택해서 들어간다. 방에 들어가면 배경 상황, 게임 규

칙, 이기는 법 등에 대한 설명이 나오는 비디오를 보게된다. 이후에 바로 시계가 움직이기 시작하면서 시간제한으로 45분이나 60분 정도까지 미션을 완성해야 한다. 문제를 풀다가 막히면 힌트가 나오기도 하고 힌트를 얻기 위해 벌칙을 수행해야 하기도 한다.

너무나 인기가 있어서 온라인 게임, 모바일 게임이나 보드 게임으로도 판매되고 있으며, 최근에는 영화로도 제작되어 미국에서 방영되었다. 코난쇼같은 유명 프로그램에서도 방탈출 게임을 이용하여 쇼를 진행한 적도 있을 정도이다.

• Karaoke 노래방
미국 대도시에도 우리나라 같은 노래방이 많다. 특이하게 시간당 방별로 계산하는 것이 아니라 개인당 사람 머리마다 시간으로 계산한다. 이외에도 일반 술집에도 노래방 기계를 무대 쪽에 설치하여

노래를 부르고 싶으면 손님이 노래를 부를 수 있는 가라오케 바도 있다. 건전한 노래방이 더 많지만 도우미 등의 문제로 인하여 최근에 인식이 나빠지기도 하였다.

- **LAN (gaming) center / Internet cafe PC방**
  국내의 PC방같은 형식을 미국에서 찾아보기는 어렵고, 한인들이 많이 사는 근처라면 있을 수도 있었으나, 최근에는 LAN (gaming) center라고 하는 한국과 비슷한 PC방이 생겨나고 있다. 국내의 PC방은 정말 세계적으로 유명해서 엄청나게 빠른 인터넷 속도는 물론이고 쾌적하고 깔끔한 인테리어, 음식 문화 등 모든 면에서 세계인들이 놀랄 정도이다. 미국에서는 Internet cafe, internet club, gaming cafe 등의 이름으로 있어서 커피를 마시는 카페처럼 생겼고 시간당 인터넷 사용료를 낸다. 이런 전문적인 장소도 국내의 인터넷 속도와는 비교

할 수 없을 정도로 느리다고 보면된다. 플레이 스테이션 같은 게임과 오락 게임 등을 할 수 있는 여러가지 오락기가 모여있는 장소로 gaming center / arcade 도 대형 몰에서 찾아 볼 수 있다. 인쇄나 바인딩을 할 때는 FedEX, UPS, Staples, Office Depot 같은 곳에서 할 수 있고 주로 큰 몰(Mall) 같은 상업지구 에 있다. 미국은 도서관이 워낙 잘되어 있고 지역마다 있어서 도서관에서 하는 인쇄가 가장 저렴하고 확실하다.

● **Korean public bath/ Korean spa** 찜질방

PC방과 마찬가지로 한국이 먼저 선진적 인 발전을 보이고 있다고 장담할 수 있 다. 외국식 SPA 사우나와 비슷해 보이 지만 국내의 찜질방 고유의 문화로, 온 돌찜질, 냉찜질, 한증막, 고온 찜질, 목 욕관리사(때밀이) 등이 특이하고 게다가 식혜, 삶은 달걀, 떡볶이 등의 한식 문화 가 접목되어 특이하다. 이런 찜질방이 최근에는 해외로 퍼져나가고 있고 심지어 고급 문화처럼 되었으며 외국인들이 너무나 많이 즐기고 있다고 한다. 물론 한 인들이 많이 거주하는 지역에서 주로 퍼져나가고 있으나, 다양한 인종의 외국인 들이 목욕관리사에게 때를 민다거나 수건으로 양머리를 하고 있다거나 식혜등 의 한국음식을 즐기며 다같이 모여서 대형 온돌방에 누워서 쉬는 모습을 보인다 고 한다.

영어로 말해보기

당신에게 어떻게 말해야할지 모르겠어요.
(어찌할 바를 모르겠어요.)

힌트	**I don't know**
영화 속 표현	I don't know what to say to you.
& 또 다른 표현	I really don't know what to say. I don't know how to answer that. I don't know how to say. I can't tell you the exact right words.

1. 그때까진 낫겠죠? 그렇죠?

2. 저는요?

3. 당신은 그럴 자격도 없어요!

4. 제가 사과할게요.

5. 너 취했어.

6. 내가 그 이상은 되는 사람이라고 생각하는데요.

4 원어민 따라잡기

1 **You assume ~** ~라고 생각한다

'추정하다' 라는 뜻을 가지는 단어는 여러개가 있지만 'assume'은 증거 없이 가정을 할 때 사용하는
표현으로 사실 여부와는 관계가 없다. 또한, '~라고 알고 있을게요' 라고 나타낼 때도 이와 같은 표현
을 사용할 수 있다. 반대로 가능성과 합리적인 증거를 바탕으로 추정할 때는 'presume'을 사용한다.

> example

- **You just assume you can just drop by whenever you want.**
  네가 원할때마다 멋대로 찾아와도 된다고 생각하는 거 같은데. (I feel pretty 교재 p.268)
- **I assumed you knew each other because you went to the same school.**
  너네가 같은 학교를 다녀서 서로 알 거라고 생각했어. (from Cambridge Dictionary)

2 감정동사 **be-ed** ~한 감정을 느끼다

감정을 나타낼 때 원래의 형태가 형용사인 단어를 활용할 수도 있지만 '~한 감정을 느끼게 하다' 라는
뜻을 기본형태로 가진 감정동사로 표현할 수도 있다. 이 경우, 감정을 느끼면 수동태 'be -ed'의 형
태로, 감정을 유발하면 능동의 형태로 사용한다.

> example

- **We should come in...and be like excited to interact.**
  출근해서 시끌시끌 떠들며 신나게요. (I feel pretty 교재 p.22)
- **I don't really feel like being embarrassed or insulted tonight.**
  오늘도 너 때문에 쪽팔리고 싶지 않아. (I feel pretty 교재 p.268)

3 **We never gave a shit ~** (~에 대해) 신경 안 써

신경 안 쓴다고 말하는 'I don't care (about~)' 과 같은 의미이지만 조금 더 거칠고 비격식적이므로
아주 친한 친구한테나 사용하는 표현이다. 'shit' 은 '똥, 허풍, 실없는 소리' 의 의미로 남들이 무시할
정도로 하찮다는 의미를 포함하고 있다.

> example

- **We never gave a shit what you looked like.**
  네가 어떻게 생겼던 우린 상관없어. (I feel pretty 교재 p.270)
- **I don't give a shit.**
  신경 안 써. / 나랑 무슨 상관이야.

4 **I just want ~** 그냥 ~하고 싶어

'want'는 기본 의미로 '원하다' 라는 뜻을 가지고 있지만 자연스럽게 해석하면 '~하고 싶어' 정도로 볼
수 있다. 뒤에 3가지의 형태가 이어질 수 있는데 'want + 명사' 'want + to 부정사' 라고 사용되면 화
자가 원하는 물건이나 행동을 뜻하게 된다. 'want + 사람 + to 부정사' 의 형태가 오면 사람에게 어떤
동작을 할 원한다는 의미이다.

- **I just wanted to take that pressure off you.**
  그저 부담을 좀 덜어주려구요. (I feel pretty 교재 p.140)
- **I just want us to go back to how we were before.**
  우리 예전으로 돌아가면 안 돼? (I feel pretty 교재 p.270)
- **I just want to apologize for how I behaved.**
  내가 했던 짓 사과하고 싶어. (I feel pretty 교재 p.288)

5 have cell phone on 핸드폰을 켜 놓다

전치사 on은 어떤 일이 붙어 있는 상태로 계속 지속되는 경우에 사용하는 것으로 스위치나 핸드폰 처럼 전기 혹은 배터리에 전원이 (붙어서) 작동한다고 말할 때도 사용할 수 있다. 따라서 소개하고 있는 표현은 핸드폰의 전원이 들어와 있는 상태를 나타낸다.

- **I have my cell phone on if anybody changes their mind.**
  전화 계속 켜둘 테니까 마음 바뀌면 언제든 전화 줘. (I feel pretty 교재 p.270)

시츄에이션 시뮬레이션

Internet cafe에서 사용할 수 있는 표현들과 대화내용을 살펴보자.

⟨대화 sample 1⟩

Brian	Hello, good afternoon.
attendant	Good afternoon.
Brian	I would like to go on the Internet. 인터넷에 접속하고 싶은데요.
attendant	Yes, of course. How long do you need? 얼마나 오래 필요하세요?
Brian	I don't know, about one hour. How much does it cost per hour? 글쎄요, 한시간에 얼마인가요?
attendant	One hour costs $10 if booked in advance, two hours cost $20 and $25 will get you three hours. And the maximum allowed on any computer is 3 hours. 한시간은 미리 예약하신거면 10달러구요, 두시간은 20달러, 25 달러면 3시간 사용하실 수 있어요. 어떤 컴퓨터든지 최대 허용시간은 3시간입니다.
Brian	Ok. One hour so, please. I have to find a second hand car. 그럼 한시간요. 중고차를 알아봐야해요.
attendant	Ok, no problem. 문제없죠.
Brian	Which website do you recommend to buy a second hand car? 중고차를 사기에 추천해주실 만한 웹사이트 있으세요?
attendant	Well, I know a couple of web pages, I'll write them down for you. 몇 군데 알아요. 적어드릴게요.
Brian	Thanks very much. Here is the $10.

Internet cafe

감사합니다, 여기 10달러요.

attendant **Your computer is number 18 and here is your account information.**
18번 컴퓨터 쓰시면 되구요, 여기 계정 정보있어요.

Brian **Thanks.**

〈대화 sample 2〉

Employee 1 Welcome to Easy Internet Caf. How can I help you?
Easy 인터넷 카페에 오신걸 환영합니다. 어떻게 도와드릴까요?

Jen I need to use the internet for research.
자료 찾아보려고 인터넷을 사용해야해요.

Employee 1 The internet costs two euro per hour. How much time do you want to purchase?
인터넷 사용은 한시간에 2유로에요. 얼마 동안 쓰실건가요?

Jen One hour is enough.
한 시간이면 충분합니다.

Employee 1 Very well. Two euro.
네, 2유로요.

Jen Here you are sir/ma'am.
여기있습니다.

Employee 1 Thank you. Proceed to computer number 4. If you have any questions, do not hesitate to ask me.
감사합니다. 4번 컴퓨터로 가시고요. 질문있으면 언제든 하세요.

Jen Thanks.

참조: www.l-pack.eu/wp/wp-content/uploads/2012/02/8.2.pdf
http://xtec.gencat.cat/web/.content/alfresco/d/d/workspace/SpacesStore/0041/3252ccca-f46a-
46a4-8273-feaa3ab345df/Internet-cafe_material-complementari.pdf

6 백업하기

RENEE I know... it's all gone. I brought you these cookies. They're covered in chocolate.

VIVIAN Okay, _____ .

❶ 너 너무 취했구나

RENEE And there's a picture of a cat on safari.

VIVIAN I know _____

❷ 넌 그냥 생각했겠지, 너가 원할 때는 언제든지 들려도 되겠다고,

_____ . But _____

왜냐면 너의 찌질이 친구들은 전혀 계획이 없으니까.   ❸ 근데 우리는

_____ . She opens the door to show Jane and

탈출방에 막 가려고 하는 중이야.

two of the guys from the bar.

RENEE It's the Grouper Guys. Hey Groupers!

VIVIAN Don't call them that.

RENEE Where's your scarf at? I want to go to the room you pay to be locked in.

JANE _____ . So no.

❹ 오늘밤엔 너때문에 당황하거나 쪽팔리고 싶지 않아.

RENEE You don't want to go with me because I'm not pretty anymore.

VIVIAN Look, why do you think everyone cares what you look like. Like we're your friends because you were fun and funny and kind. And then

_____

❺ 무슨 일인건지 모르겠다.

RENEE I could tell you what happened. _____

❻ 내 엄청난 꿈들이 실현되었다가

_____ .

사라져버렸어.

JANE Renee, will you just listen to yourself? Your wildest dream is that you were beautiful. _____

❼ 정말 어이없다/한심하다

VIVIAN Yeah, like _____ .

❽ 너가 어떻게 생겼던 우린 전혀 신경쓰지 않았어.

RENEE   Guys, _____ . Can't we just

⑨ 난 그저 예전으로 돌아가고 싶어.

do that? Can't we just go back?

VIVIAN   No. And we have to go. So.

RENEE   All of us? We all can go?

VIVIAN   No.

RENEE   Just us and not the guys?

VIVIAN   Absolutely not.

RENEE   Okay. Okay. I understand. Well _____

⑩ 전화 계속 켜둘게, 누가 마음

_____.

바뀔지도 모르니까

Happening **24**

Self-esteem

1 Storyboard

마법에 다시 걸리기 위해 르네는 싸이클장에 다시 가서 예
전에 기절했던 바로 그 싸이클에 자리를 잡는다. 그러나 기절도 못했고, 아무
변화도 없어서 속이 상한다. 락커룸에서 저번에 만났던 말로리를 다시 만나게
되는데 울고있는 모습을 보게된다. 남자에게 차여서 울고 있는 사정을 들으니
르네는 믿을 수가 없다. 얘기를 들어보니 말로리는 자신감이 부족해서 문제가
많은 상황이고 르네는 어이가 없다. 말로리는 르네가 준비했던 화장품 라인의
모델이 되고자 본사에 면접을 보러가려고 한다. 그 사실을 알게된 르네는 곰
곰히 생각한다.

택배기사로 변신한 르네는 본사로 들어가서 리셉셔니스트에게서 정보를 얻으
려고 하다가 뭔가 아이디어가 떠오른 것 같다. 망가진 여러가지 상황을 수습
하려고 애쓰는 르네는 제인과 비비안에게 전화를 걸어 사과를 남긴다. 메이슨
과 함께 뭔가를 계획한 르네는 몰래 뒷문으로 행사장으로 들어간다. 크고 무
거운 짐을 같이 옮기느라 정신이 없어보인다.

피가되고 살이되는 문화팁

- **moving** 이사하기

서양은 성인이 되는 순간 독립하는 사람들이 많기 때문에 나이가 상당히 들은 후에 어른과 같이 산다는 것이 부끄러운 일이다. 영화에서 메이슨은 르네가 벌리는 일을 돕다가 회사에서 잘리면 렌트비를 낼 수가 없어 이모랑 함께 살게 될까 걱정한다. 렌트비가 수입에 상당 부분을 차지하기 때문에 사실상 아무리 절약을 해도 저축이 힘든 경우가 많다. 그러니 결혼해서 가정을 꾸리고 정착하게 되기 전까지는 젊은이들이 이리저리 렌트를 구하며 이사다니는 일이 빈번해서 최대한 짐을 줄이려고 노력한다. 이사 문화는 그 나라 사회의 여러가지 제반사항에 따라 변모하게 되어있다. 우리나라의 이사문화는 서양사람들을 놀라게 하는 요소가 많아서 국내와 서양의 이사문화를 살펴 볼 가치가 있다.

이사비용이 짐의 규모에 따라 다양하지만 서양은 인건비가 국내보다 훨씬 비싸기 때문에 국내의 비용에 비해 몇배의 비용이 더 든다고 봐야한다. 물론 서양도 부자인 사람들은 모든 물건들을 인부들을 써서 다 옮기겠지만 보통 서민들은 생각도 못할 일이라서 상황에 따라서 쓰는 경우가 있어도 왠만하면 당사자들이 직접 하는 경향이다. 그래서 이사용 차를 개인적으로 렌트할 수도 있고 짐옮기는 짐수레(furniture dolly, carts) 같은 것도 대여가 가능하다.

미국에는 붙박이 가구가 많다. 붙박이 벽장(closet)이 거의 무조건 설치되어 있기 때문에 장농(wardrobe) 보다는 서랍장(drawer)을 많이 사용한다. 붙박이 벽장이 한국 처럼 작은 경우도 있지만 공간이 큰 미국의 집들 같은 경우는 사람이 걸어들어갈 수 있을 정도의 큰 벽장 (walkin closet)이 있는 집도 많아서 드레스룸 같이 사용하기도 한다. 그러니 옷장같은 큰 가구의 의존도가 낮다.

왠만한 대형 가전제품이 빌트인(built-in)으로 집에 설치되어 있다. 냉장고 (refrigerator), 오븐(oven), 가스레인지(stove), 전자레인지(microwave), 식기세척기(dishwasher), 세탁기(washing machine/ washer), 빨래 건조기 (dryer) 등이 이미 설치 되어 있는 주택이 많다. 물론 오래되어 바꾸고 싶으면 구매하면 되지만 만약 이사간다면 역시 두고가야 한다. 우리는 집집마다 김치냉장고 덕에 대형 냉장고가 2대 이상이고, 중고를 싫어하는 한국인의 경향때문에 왠만하면 자신들의 대형 가전제품을 모두 들고 다닌다.

단독 주택이라면 왠만하면 이사를 가지 않고 아이들이 자랄때 까지 한집에 오래 있는 경우가 많다. 자가 주택을 갖는 것이 거의 모든 사람들의 꿈일 정도로 내 집에 대한 열망이 크다. 자가 주택에 살게되면 그 어느나라 사람들 보다도 미국인들은 집을 가꾸고 관리하는 것을 좋아한다. 집을 꾸미고 관리하고, 정원을 예쁘게 손질하는 데에 들이는 시간도 엄청 나다.

도시에서는 주로 월세(rent)가 대부분으로 아파트(apartment)나 콘도(condo) 등의 형태이다. 세탁기가 집 내부에 빌트인이 되어 있거나 아니면 지하나 다른 층에 위치한 공용 세탁시설(laundry room)을 사용해야 한다. 아예 건물내에 없는 경우도 있어서 외부에 있는 코인세탁실(laundromat)을 이용해야 한다. 쿼터(quarter) 동전을 사용하고 세제도 갖고 다니거나 맡겨놔야 하니 많이 불편하다.

● **go-see**
모델계 용어로 오디션(audition)과 함께 많이 쓰인다. 모델이 자신을 고용할 회사 등(an agency, management company, designer)에서 고용담당자와 직접 만나는 인터뷰를 말한다.

잠깐만요.

	힌트	hang
	영화 속 표현	**Hang on.**
	또 다른 표현	**Hold on a minute.** **Wait.** **Just a minute.** **Wait a minute.**

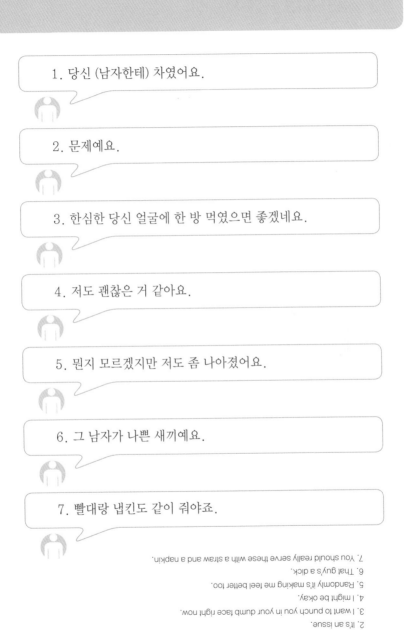

1. 당신 (남자한테) 차였어요.

2. 문제예요.

3. 한심한 당신 얼굴에 한 방 먹였으면 좋겠네요.

4. 저도 괜찮은 거 같아요.

5. 뭔지 모르겠지만 저도 좀 나아졌어요.

6. 그 남자가 나쁜 새끼예요.

7. 빨대랑 냅킨도 같이 줘야죠.

원어민 따라잡기

1 go through ~ ~하다 / (어떤 일을) 겪다

지나치거나 통과해서 나아간다는 표현으로 특정 상황을 겪고 있다는 뜻으로 많이 쓰이고, 주로 부정적이거나 힘든 일과 관련되어 사용하는 표현이다. 다른 뜻으로는 자세히 살펴보다라는 의미를 가진다.

example

- **Sorry. Going through a rough break up.**
  죄송해요. 안 좋게 헤어지는 중 이라서요. *(I feel pretty 교재 p.282)*
- **He was going through a very difficult time.**
  그 사람은 힘든 시기를 보내고 있었다. *(Collins Dictionary)*

2 I bet ~ 내가 ~라는 걸 장담해 / 분명히 ~하죠

'bet'은 '내기를 걸다, 내기하다'라는 뜻으로 어떤 것에 대하여 확신을 가지는 걸 강조하며 분명히 그럴 것이라고 추측할 때 사용하는 표현이다. 상대방의 말에 공감할 때도 이 표현을 사용한다. 'I'm sure ~ / I'm certain ~'과 같은 의미로 사용되는 보다 비격식적인 표현이다.

example

- **I bet guys can be pretty mean when you break up with them, right.**
  남자들은 헤어지자고 하면 못 되게 굴죠. *(I feel pretty 교재 p.282)*
- **I bet he goes to art school.**
  분명히 미대 다닐 거야. *(미드 Modern Family)*

3 deal with 다루다, 처리하다

어떤 일이나 상황, 또는 사람을 다루고 처리한다는 의미로 무엇이 되었든 감당하고 해결해 나간다는 뜻이다. 또한, 해당하는 문제를 해결하거나 성취하기 위해 행동을 취한다라는 의미도 담고 있다. 'handle'도 같은 의미를 가진다.

example

- **I... I just assumed that you wouldn't have to deal with stuff like that.**
  나는 그냥 당신이라면 이런 일 절대 안 당할거라고 생각했거든요. *(I feel pretty 교재 p.282)*
- **I can't deal with the stress quite yet.**
  아직 감당할 엄두가 안 나. *(미드 Friends)*

4 something to do with ~ ~와 관련 있는

대화에서 자주 쓰이는 표현으로 무엇에 대한 원인이나 연관성을 나타낼 때 사용한다. 정확하게 알거나 이해하지 못하고 막연히 연관성이 있다는 뉘앙스를 가진다. 'something'을 생략하고 사용해도 같은 의미가 된다.

example

- **Do you know if this is something to do with the Diffusion Line?**
  저거 보급형 라인 관련된 일이에요? (I feel pretty 교재 p.286)
- **It has something to do with her attitude.**
  이건 그녀의 태도와 관련이 있어.

5 **it occurred to** 사람 **to ~** ~에게 ~라는 생각이 들었다

occur은 일의 진행과정 속에서 발생한 일을 의미하므로 무언가 진행 중에 주목할 만한 일이 생겼다는 걸 나타낼 때 사용한다. 따라서 갑작스럽게 ~생각/느낌이 떠올라 그 일에 주목하게 되었다는 뜻을 내포한다. 뒤에 사람이 나오면 그 사람에게 떠오르는 생각을 의미한다.

example

- **You think it ever occurred to them to cast someone who looks like they would actually buy the products?**
  회사가 실제 구매자처럼 생긴 사람을 뽑을 생각은 안 할까요? (I feel pretty 교재 p.288)
- **It occurred to me that it will rain tonight.**
  오늘 밤 비가 올 거같다는 생각이 들었다.

6 **I'll have to ~** ~해야 한다

조동사는 시제를 나타내는 기능보다 동사의 뉘앙스를 결정하는 기능을 가지고 있기 때문에 'have to'만 사용해도 미래의 해야할 일을 표현할 수 있다. 이런 경우 두 표현에는 미묘한 차이가 있는데, 'have to'를 사용하게 되면 이미 정해진 일에 대해 의무감을 나타내며, 'will have to'를 사용하게 되면 가정의 상황에 대해 화자가 결정하고자 하는 것을 의미한다.

example

- **I'll have to work remotely, I have pink eye.**
  눈병에 걸려서 집에서 일해야 될 거 같아요. (I feel pretty 교재 p.88)
- **I'll have to move back in my Aunt's.**
  그럼 고모집으로 다시 들어가야한다고요. (I feel pretty 교재 p.290)

7 **hold it against** 사람 (사람)을 싫어하다 / 비난하다

과거에 어떤 잘못된 행동이나 못된 행동을 했다는 이유로 그 사람을 좋아하지 않게 되거나 나쁘게 보게 되는 경우 사용하는 표현이다. it의 자리에 나쁘게 생각하는 원인을 지칭하는 명사나 대명사를 쓴다.

example

- **I won't hold it against you.**
  뭐라 하는 건 아니에요. (I feel pretty 교재 p.286)
- **We're not gonna hold that against you.**
  그렇다고 널 나쁘게 보진 않을거야. (미드 Breaking Bad)

르네와 말로리가 만나서 짧은 시간이지만 속깊은 대화를 나누게 된다. 그러면서 르네도 자신에 대해서 깨닫게 되고 벌여놓은 일을 마무리 지으려고 한다. 르네와 말로리가 헤어질 때 말로리는 "I have to actually go. I have a go-see at Lily LeClaire."라고 말하며 인사를 하려고 한다. "I have to go"는 헤어져야 하는 당위성을 주는 표현으로 정말 많이 쓰인다. 특히 전화를 끊으려고 할 때도 많이 쓰이는 표현이다. 르네는 "Bye. Feel better. That guy's a dick."이라고 빠르지만 정말 다정한 인사로 헤어지고 있다. 기분이 안 좋은 상황에서 얘기를 시작한 것이고 이유를 알게되었기 때문에 "Feel better"라고 격려를 하고 있다. 이 표현은 아플 때 나아지라는 의미로도 사용된다. 그리고 마지막에 그 놈은 나쁜 놈이라고 같이 욕도 해줌으로써 감정을 나누고 공감해서 상대의 마음을 편안하게 해주고 있으니 가장 바람직한 샘플 인사법이라고 할 수 있다.

만날 때 인사만큼 헤어질 때의 인사도 정겹고 상대에 맞춰서 할 수 있는 게 좋다. 물론 중립적인 표현을 쓰는 것이 외국인에게 가장 적절한 방법이지만 오래 만난 친구같은 사람에게는 좀더 가볍게 쓰는게 좋겠다.

- **Bye, bye!** 친근하게 가까운 사람에게 쓸 수 있는 표현으로, Bye를 한번 쓰는 것보다 더 친근하게 느껴진다.

- **I'm off** Off는 "사라진다. 없어진다, 멀리 떠난다"는 의미가 되기 때문에 헤어질 때 Bye 와 함께 쓰일 수 있다. 헤어져야 하는 이유와 함께 많이 쓰인다. 비슷한 표현으로 I'm out이라고도 한다.

- **I have to go** "가야겠다. 가야돼"로 해석되는 표현으로 Bye를 말하기 직전에 가야하는 이유와 함께 많이 하는 말이다. I've got to get going도 같은 상황에서 비슷하게 쓰인다.

- **Later, Catch you later** See you later에서 줄여서 later만 말하는 것이기도 하다. 젊은이들이 많이 쓴다.

- **Take it easy** Have a nice day와 비슷한 의미라고 보면 된다. Take it easy는 "쉬엄쉬엄 해라. 여유를 가져라. 무리하지 마라."의 뜻이어서 편하게 있으라는 헤어질 때의 인사가 될 수 있다. 하지만 상황에 따라서는 화난 사람을 진정시키는 기능도 있기 때문에 잘 분별해야 한다.

- **So long!** 가볍게 친근한 사람끼리 쓰는 인사이다.

다음 표현들은 일반적이고 중립적인 뉘앙스를 갖는 표현이다. 친근한 관계 뿐만 아니라 비즈니스 상황에서도 쓸 수 있다.

Farewell.
Good bye!
Have a nice(good) day!
It's nice seeing you again.
Take care.
See you later, See you soon, See you around, Talk to you later.

위의 표현들 중에 Take care는 매일 만나는 사이에서 보다는 몇 일이나 한동안 못 볼 사람과 헤어질 때 주로 쓴다.

참조: https://www.fluentu.com/blog

RENEE   Hey. You okay?

MALLORY   Yeah. I just... Sorry. _____. So...
❶ 안 좋게 헤어지게 되어서요.

RENEE   _____.
❷ 당신이 헤어지자고 할 때 남자들이 정말 비겁해지겠죠.

MALLORY   Or when they break up with you for being a real freakin' person.

RENEE   Wait, _____. The acoustics in here are weird. It sounds like
❸ 잠깐만요.

you are saying _____. Someone said to you, I don't
❹ 당신이 차였다고요.

want to see you anymore. Ever again. I don't want to have sex with
you again. Somebody has told you... you got dumped?

MALLORY   Can you stop saying dumped.

RENEE   Of course, I'm sorry. I... _____
❺ 난 당신은 그런 일을 절대 당하지 않을

_____.
거라고 생각했거든요.

MALLORY   What? Cause of my body. Or something like...

RENEE   Yeah. Your body, your whole head. Do you have every rib that I
have? _____. Where even are your
❻ 모든 것이 당신에겐 완벽하잖아요.

organs.

MALLORY   _____, so _____.
❼ 자신감이 없어서 정말 힘든데, 그런 말 들으니 고맙네요.

RENEE   Shut up, forever. What?

MALLORY   No, I'm serious. _____. _____.
❽ 심각한 문제예요. ❾ 자존감 문제로 고생하고 있거든요.

RENEE   I want to punch you in your dumb face right now.

MALLORY   Okay. That's the kind of comment... that I like... _____
❿ 바로 그게 나를

_____. Dumb. It's like... _____.
불안하게 하는거예요. ⓫ 그런 말에 시작되는 것 같아요.

RENEE   I'm sorry I said that, it's just...you getting dumped is making me feel like I might be okay.

MALLORY   _____.

⓬ 뭔지 모르지만 나도 좀 기분이 나아지네요.

RENEE   Okay, that's good. Oh my gosh.

MALLORY   But um, _____. I have a go-see at Lily LeClaire.

⓭ 실은 내가 가봐야해요.

RENEE   Lily LeClaire?

MALLORY   Yeah.

RENEE   For what?

MALLORY   Ah, like modeling a new line, I guess.

RENEE   The Diffusion Line? Wait, you're going for that.

MALLORY   Yeah. Okay.

RENEE   Okay.

MALLORY   Bye.

RENEE   Bye. _____. That guy's a dick.

⓮ 기분 풀어요.

MALLORY   Yeah.

Happening **25**

Confidence

1 Storyboard

릴리 르클레어 화장품 보급라인의 론칭 행사가 거대하게 시작하려고 하고있다. 에이버리가 행사장 중심에서 청중을 대상으로 연설을 시작하지만 농담도 재미가 없고 흥미를 주지 못한다. 이때 메이슨과 르네의 계획대로 끼어들어서 르네가 청중앞으로 나와서 연설을 한다.

멋진 프리젠테이션을 준비해서 발표하려다가 자신이 마법에 걸렸던게 아니라는 사실을 깨닫는다. 예전의 모습과 똑같았고 자신의 마음과 자신감의 문제였었다는 것을 알게된 것이다.

발표를 성공적으로 끝낸 르네에게 에이버리는 찬사를 보내고, 할머니는 이 역시 에이버리의 공로였음을 인정하고 칭찬해준다. 에이버리 역시 자신감을 찾게 된 것으로 보인다. 르네의 메시지를 듣고 행사장에 찾아와준 제인과 비비안은 르네와 화해하게 된다. 르네는 이든의 집에가서 이든에게도 사과하고 서로의 사랑을 확인하게 된다.

피가되고 살이되는 문화팁

• **launch party** 신제품 출시 파티 / 론칭 파티

국어로도 론칭 파티라고 하고 잡지, 매체 등에서 많이 나오는데 주로 명품이나 여성 품목의 신제품이 출시 될 때 사용되는 것을 자주 볼 수 있다. 사실 론칭 파티는 어떤 종류의 물품이나 서비스 든지 상관없이 그 제품의 출시를 대대적으로 광고하고 대중에게 알릴 때 사용하는 프로모션 방법이다. 신생의 스타트업(startup) 회사에서도 이런 론칭 파티 행사를 많이 한다고 한다.

론칭파티는 제품의 첫 소개이기 때문에 회사들에서도 아낌없이 재정을 투자한다고 한다. 장소도 손색이 없는 고급스러운 곳을 행사장소(venue)로 고르고, 제품과 서비스의 이미지에 맞는 주제(theme)를 설정해서 그 주제에 따라 파티를 꾸미기도 한다. 사람들에게 배포하는 초대장도 고급스럽고 특이하게 꾸며서 주목을 끌어당겨야 한다고 하며 요새는 창의적인 방법을 써서 모바일 초대장 등을 보내거나 트위터, 페이스북, 인스타그램, 유투브 등의 소셜미디어를 이용한다고 한다.

또한 고객을 위한 증정품(giveaways)을 반드시 준비한다. 상품이나 서비스를

홍보하기 위해서 손님들에게 나누어주는 증정품은 재치있어 보여야 하며 론칭 파티 행사와 제품을 기억할 만하도록 해야한다. 고급스러운 펜이나 티셔츠, 열쇠고리 같은 작은 가죽제품, 초나 향같은 제품들을 주기도 하고 예쁜 파우치나 박스에 여러 개의 예

쁜 작은 제품들을 넣어서 포장해주기도 한다. 반드시 증정품에는 회사 로고 등을 인쇄해서 행사의 기억뿐만 아니라 제품에 대한 기억도 갖게 한다. 화장품 회사의 증정품은 신제품 화장품 샘플이나 미용도구들을 하기도 한다.

특히 중요한 것은 행사의 목적을 확실하게 하기 위해 실제 시범(live demos)을 확실하게 보여주는 것이다. 론칭 파티는 본사의 제품과 서비스를 공개하는 행사(showcase)라는 목적이다. 따라서 제품이 어떤 특질과 장점을 가지고 있는지 명료해야 하기 때문에 잠재적인 고객들(potential clients)에게 멋진 연설과 함께 live demo로 시연한다. 이후에 유명 가수나 밴드를 초대해서 간단한 공연을 하기도 있다.

영화에서 르네가 맡게된 발표도 화장품의 새로운 라인이 출시되는 론칭 파티였다. 에이브리는 고급스럽고 화려한 분위기로 유명하고 지명도 있는 인사들과 관계자들을 초대해서 거대한 론칭파티를 준비한 것이다.

이러다 늦겠어요.

힌트	We're going to ~
영화 속 표현	We're going to miss it.
또 다른 표현	We're going to be late.

1. 오르막이에요!

2. 소리지르지 말아요.

3. 일단 침착해요.

4. 이러면 안 되는데.

5. 넌 정말 구제불능이야.

원어민 따라잡기

1 We're so pleased to ~ ~하게 되어 기쁘다

앞에서 설명했듯이 감정을 느낄 때는 'be -ed'의 수동태 형태를 사용하여 표현하고, 감정의 원인을 나타낼 때 이어서 'to 부정사'나 'that S+V'의 형태를 쓴다. pleased를 사용하게 되면 glad나 happy 보다는 더 격식적이고 예의를 차린 느낌을 준다.

> example

- **We're so pleased to have you here.**
  모시게 되어 정말 기뻐요. (I feel pretty 교재 p.290)
- **We're pleased to inform you that you have been selected.**
  당신이 선정되었다는 것을 알려 드리게 되어 기쁩니다.

2 ~ look nothing alike ~는 닮은 데가 하나도 없다

'look alike'라고 말하면 '닮았다'라는 표현이지만, 반대로 닮은 곳이 하나도 없을 때는 'look nothing alike'라고 쓸 수 있다. 이 표현은 서로의 겉모습이 비슷할 때 주로 사용하며 사람의 겉모습 뿐 아니라 성격, 행동, 습관 등이 닮았으면 'resemble'이라는 단어를 사용한다.

> example

- **These women look nothing alike.**
  여기 있는 두 여성은 하나도 닮은 데가 없죠. (I feel pretty 교재 p.294)
- **He looks nothing like his brother.**
  걔는 형이랑 하나도 안 닮았어. (from Cambridge Dictionary)

3 take a second to ~ 잠깐 ~해 봐

상대방이 할 필요가 없다고 생각할 수도 있는 것을 해보게끔 격려할 때 사용하는 말로 기본적으로 제안하는 의미를 지니고 있다. 오랜 시간이 걸리지 않으니 가볍게 한 번 해봐라는 의미로 'a second'이라는 표현을 사용한다.

> example

- **Take a second to process it.**
  이 두 사람을 천천히 살펴보세요. (I feel pretty 교재 p.294)
- **It won't take a second.**
  오래 안 걸려. (from Cambridge Dictionary)

4 would... without ~ ~이 없다면 ...했을 것이다

가정법 'if it were not for ~ / if it had not been for ~' 대신에 'without'을 사용하여 '~가 없(었)다면'이라는 의미로 사용할 수 있다. 특히 영화에서 나온 '~ wouldn't be here without you'라는 표현은 상대방에 대한 감사를 표현하기 위한 것으로 상대방이 중요한 사람이라는 걸 나타내기 위해 사용한다.

- **Renee wouldn't be here without you.**
  네가 없었다면 르네도 없었을 거란다. (I feel pretty 교재 p.300)
- **Because without him, I wouldn't be here with you.**
  그가 아니었다면, 난 네 곁에 없었을 거니까. (미드 Last man on earth)

5 **nothing to do with** ~ 와 관련이 없다.

무엇에 대한 원인이나 연관성이 없다는 것을 의미할 때 사용하는 표현이다. 부정의 표현이 nothing에 이미 들어있기 때문에 전체 문장은 긍정문이 된다.

example

- **But it has nothing to do with how I feel about you.**
  당신에게 가진 감정이랑은 아무 상관 없어요. (I feel pretty 교재 p.302)
- **The thing I love about acting is that it's got nothing to do with me; it's about bringing forth a director's vision**.
  내가 연기를 좋아하는 건 이게 나랑은 아무 상관이 없다는 거에요; 연기는 감독의 비전을 끌어내는 거죠. (싱어송라이터 Lenny Kravitz)

5 시츄에이션 시뮬레이션

다수의 청중 앞에서 하는 발표의 형식이 획일화 되어 있는 것은 아니지만 다음과 같은 대략의 순서를 따르는 것이 좋다.

• 청중에게 인사하기

> ex) Good afternoon everyone. Shall we begin?
> ex) Ladies and gentlemen. Good morning. It's a pleasure to be here with you today.

• 청중에게 자신과 회사에 대한 소개하기

> ex) I'm a research engineer with EDF. EDF is the leading company for the production and distribution of electricity in France and throughout Europe.

Presentation

- 발표 목적에 대해서 간단히 소개하기

ex) **My purpose today is to give a detailed analysis of the role of government in Japanese industry.**
- My purpose today is to...
- What I want to do this afternoon is to...
- My objective today is to...
- I'm here today to...
- My talk today will deal with...

- 발표에 대한 전체 내용 및 개요 보여주기

ex) **To begin with, I'll be speaking about the components normally found in our atmosphere. Then, we'll examine some of the reasons for the growth in CO2 in recent years. After that, I'll explain what the greenhouse effect is and how it works. And finally, we'll take a look at some possible consequences of the increase in temperature caused by the greenhouse effect.**

- 발표 주제로 자연스럽게 전환하기

ex) **Now that we have seen what causes acid rain, let's look at some of its effects on our forests**

- 본론 말하기

중요 요점을 강조하기
in other words... / in short...

In simple terms, this means that...
To put it in more concrete terms...
The point I'm trying to make here is...
What I mean by this is...
Basically, what this means is...

인용문을 사용하기
To quote Professor Jobs, "The earth is as flat as a pancake."
Professor Jobs has said, and I quote, "The earth is..."

실례, 사례를 보여주기
The best example of... is probably...
An interesting example of... is...
Let's take the case where...

의견을 표현하기
In my opinion...
I think that...
It is my view that...
It seems to me that...

통계수치 인용하기
ex) Over a third of the respondents said they preferred instant coffee. (34.5%)

차트, 그래프, 표 등을 이용하기

ex) Next, we'll take a look at a chart showing the impact of the polio vaccination program in selected areas in India and Africa.

ex) This graph presents the wide variations in the price of oil since 1970. The horizontal axis shows the years from 1970 to 2005, and the vertical axis shows the average price in dollars for a barrel of oil.

• 마무리 하기

As a conclusion

In conclusion...

To conclude...

ex) This brings me to the end of my presentation this afternoon.

ex) And the devastation of forests in Germany gave us a preview of what may lie ahead in many more areas if nothing is done. Thank you.

• 질문받기

ex) I hope that was clear. If you do have any questions, please don't hesitate to ask them.

ex) Thank you for being so attentive. I'd like to give you the chance to express yourselves now. If you have any questions or would like to have some points clarified, please feel free.

참조: step.inpg.fr/GB/docs/Language_of_presentation_v7.pdf

6 백업하기

RENEE   When we're little girls. We have all the confidence in the world.
_____. And we just dance and play and

❶ 우리 배가 튀어나오게 나뒀죠.

pick our wedgies. And then these things happen, _____

❷ 그게 우리

_____. Somebody says something mean to you on

스스로에게 질문하게 만들죠.

the playground...and then we grow up. And then _____

❸ 당신은

_____. All that self-

스스로를 계속해서 의심해요, 모든 자신감을 잃어버릴때까지요.

esteem, all that faith you started with is gone. But what if we didn't
let those moments get to us? _____

❹ 우리가 그 보다는 더 강하다면 어떨까요?

Right? _____ Or

❺ 우리가 어떻게 생겼는지 전혀 신경도 안썼다면 어땠을까요?

how we sounded? What if we never lost that little girl confidence?
What if when someone tells us that we aren't good... or thin or
pretty enough we have the strength and the wisdom to say what I
am is better than all of that. Because what I am...Is me! I'm me! And
_____ And if you ever get the chance... to

❻ 나라는 사실이 자랑스러워요.

hang out with me or my friends. My amazing perfect friends. Well
all I have to say to you is you're welcome.

Let's Match

1) ~처럼 해. ~처럼 굴어 •

2) 이사해야 할거야 •

3) 재미있는 농담이었을거야 •

4) 침착해 •

5) 여기 모시게 되어 정말
   기뻐요 •

6) 이러면 안되는데 •

7) 여기 누구 없어요? •

8) 이 여성들은 하나도
   안 닮았죠 •

9) 찬찬히 살펴보세요 •

10) 환영받는다고 느꼈다 •

• A) I felt wanted~

• B) That wasn't supposed to happen.

• C) Is there anybody here?

• D) That would be fun banter.

• E) Keep it cool.

• F) We're so pleased to have you here.

• G) These women look nothing alike.

• H) Act like~

• I) I'll have to move

• J) Take a second to process it.